Historia de Inglaterra

1000 datos interesantes sobre Inglaterra

Índice

Introducción

*Durante siglos, la **historia de Inglaterra** ha sido tumultuosa, llena de invasiones, conquistas y revoluciones.* **Desde la invasión anglosajona del año 449 hasta el Brexit actual**, el panorama político de Inglaterra ha sido moldeado por diversas fuerzas. Este libro explorará los principales acontecimientos y épocas que han dado forma a **la historia de Inglaterra**, desde **la conquista normanda** en 1066 **hasta la Reforma en 1517** y desde la **Revolución Industrial** del siglo XVIII hasta **la votación del Brexit** en 2016.

*Primero aprenderá sobre la **invasión anglosajona** de 449 y su impacto en el paisaje político y social de Inglaterra.* Después nos centraremos en la conquista normanda de 1066 y sus efectos duraderos en la cultura inglesa.
*A partir de ahí, encontrará datos fascinantes sobre el reinado **de Guillermo el conquistador**,* incluida una mirada en profundidad de cómo su gobierno cambió Inglaterra. Pasaremos a algunos datos interesantes sobre **la dinastía Plantagenet**, que gobernó Inglaterra a partir de 1154 y terminó con **la guerra de los Cien Años** en 1453.

*¡Hubo tantas guerras en la **historia de Inglaterra**!* También exploraremos **las guerras de las rosas**, una serie de **guerras civiles** libradas entre dos ramas rivales de **la dinastía Plantagenet**, y **la reforma**, un período de agitación religiosa que comenzó en 1517.
*En la segunda sección, nos adentraremos **en la época isabelina**, la guerra civil inglesa, la **Restauración y la Revolución gloriosa**.* Aprenderá algunos datos interesantes sobre el **Siglo de las Luces**, un periodo de progreso intelectual y científico que comenzó en 1715.

*A continuación, hablaremos de la **Revolución Industrial** y de la abolición de la trata de esclavos, ¡le sorprenderán los datos!* Después, veremos **las leyes de reforma, la era victoriana, la guerra de Crimea, la Gran Exposición, la hambruna irlandesa de la papa y las guerras de los bóers.**
Hablando de guerras, aprenderá cosas interesantes sobre las dos guerras mundiales, **el Estado de bienestar, la crisis de Suez, la descolonización y los años de Thatche**r. Finalmente, los dos últimos capítulos tratarán sobre el **Acuerdo de Viernes Santo** y **el Brexit**, respectivamente.

*La lectura de este libro le permitirá apreciar cómo **la historia de Inglaterra** ha sido moldeada por diversas fuerzas a lo largo de los últimos siglos.* **Desde invasiones a revoluciones**, el panorama político de Inglaterra ha estado marcado por acontecimientos tumultuosos y momentos de progreso. **Sin duda, este libro le resultará informativo e intrigante.** Esperamos que continúe su viaje después de terminar el libro para aprender más sobre **la historia de Inglaterra**.

Sección 1: Exploración de la Inglaterra premoderna
La Gran Bretaña romana
(43-410 d. C.)

Explore la fascinante **historia de la Gran Bretaña romana**. Esta colección única de hechos arrojará luz sobre **los momentos cruciales que dieron forma a este cautivador periodo**.

Aunque las fuerzas romanas al mando de **Julio César** desembarcaron en Gran Bretaña, no permanecieron mucho tiempo. La **ocupación romana comenzó en el año 43 d. C.**, cuando **el emperador Claudio** inició la invasión que establecería la **autoridad romana en Gran Bretaña**. Leerá sobre **el surgimiento de una nueva civilización en Gran Bretaña** y la eventual retirada de los romanos cuando Roma perdió su poder.

1. **Alrededor del año 55 a. C., Julio César** fracasó en establecer un control romano duradero.

2. **En el año 43 a. C., el emperador Claudio ordenó la invasión romana de Britania**, dirigida por **Aulo Plaucio**. Esto marcó **el comienzo oficial del dominio romano**.

3. **Las fuerzas romanas establecieron la ciudad de Londinium** (actual Londres) **hacia el año 47 de la era cristiana**, que se convirtió en un importante centro comercial y administrativo.

4. **El Muro de Adriano**, una fortificación **construida en el año 122 d. C.**, marcaba la frontera más septentrional de la **Britania romana** y servía de defensa contra las tribus del norte.

5. **La construcción del Muro antonino comenzó en el 142.** Estaba situado más al norte, **en la actual Escocia**, pero fue abandonado pocas décadas después.

6. **Búdica, reina de la tribu de los icenos, lideró una importante rebelión contra el dominio romano en el año 60 o 61**, que tuvo como resultado la destrucción significativa de asentamientos romanos.

7. **La Britania romana vivió un periodo de relativa paz y prosperidad durante el siglo II de nuestra era, conocido como la Pax Romana.**

8. **En el siglo III d. C., la Gran Bretaña romana había desarrollado una economía próspera**, con redes comerciales y la producción de diversos bienes, como la cerámica y la metalurgia.

9. **El cristianismo comenzó a extenderse en la Britania romana durante el siglo III.** En el siglo IV, se había convertido en la religión dominante.

10. **En 410, el Imperio romano retiró sus tropas de Britania**, dejando la región vulnerable a las incursiones de las **tribus germánicas** invasoras.

11. **La marcha de los romanos marcó el inicio del periodo conocido como Gran Bretaña subromana**, que se caracterizó por el declive de la autoridad central.

12. Algunos creen que **el legendario rey Arturo**, a menudo asociado con **el periodo de la Britania subromana**, lideró una **resistencia contra las fuerzas invasoras**.

13. **La migración anglosajona desde la Europa continental aumentó en los siglos V y VI**, sustituyendo gradualmente a la cultura romano-británica.

14. **Los** *Evangelios de Lindisfarne*, un notable manuscrito iluminado, **fueron creados alrededor del año 700 de nuestra era**, mostrando **la mezcla de las tradiciones artísticas celtas y anglosajonas**.

15. **El legado de la Gran Bretaña romana puede verse hoy en los yacimientos arqueológicos que se conservan**, las calzadas romanas y la influencia del latín en la lengua inglesa.

La invasión anglosajona
(449 - 1066)

Entre los años 449 y 1066, Gran Bretaña fue invadida por los anglosajones. Los anglosajones eran **tribus germánicas**. Eran **principalmente agricultores y artesanos**, pero también **guerreros** que lucharon **contra los nativos británicos**, dividiendo finalmente la tierra en varios reinos, como **Wessex, Essex, Sussex y Mercia**. A menudo estaban enfrentados entre sí. «**Britons» es el nombre de los pueblos que vivían en Inglaterra antes de las invasiones anglosajonas**.

Esta época fue testigo de **grandes logros artísticos**, como *Beowulf* en la literatura y la *Crónica anglosajona*, y de avances en la **metalurgia** y la **arquitectura**. En 1066, estos avances se detuvieron cuando **los anglosajones fueron derrotados por los normandos**, lo que provocó importantes cambios políticos, económicos y sociales.

16. **Los anglosajones comenzaron a emigrar a Inglaterra alrededor del año 449**. En poco tiempo, los anglosajones se convirtieron en la fuerza dominante de Inglaterra. **Gobernaron hasta 1066**.

17. **Tres tribus germánicas llegaron a Inglaterra: los anglos, los sajones y los jutos.**

18. **Se les llamó colectivamente los anglosajones.** Fueron el primer pueblo llamado «**inglés**».

19. **Llegaron del norte de Europa a Inglaterra** en busca de nuevas tierras desde los actuales **norte de Alemania y Dinamarca**. Estos lugares estaban demasiado poblados. Demasiadas tribus vivían en los alrededores de sus tierras natales.

20. **Aunque los jutos, una tribu germánica procedente de Dinamarca, se unieron a los anglos y sajones que emigraban a Inglaterra**, se cree que fueron asimilados a la cultura anglosajona aproximadamente un siglo después de su llegada.

21. **La invasión anglosajona cambió Inglaterra para siempre**. Trajeron su lengua (que se convirtió en inglés antiguo), costumbres, creencias y leyes.

22. Entre las figuras importantes que vivieron durante esta época se encuentran **Alfredo el Grande**, que defendió **Inglaterra de las invasiones vikingas; Bede, monje** y **erudito; Offa de Mercia,** considerado uno de los reyes más poderosos de Inglaterra durante su época; y **Ethelbert de Kent**, que se convirtió en **el primer rey anglosajón en convertirse al cristianismo.**

23. Una batalla famosa durante esta época fue la **batalla de Edington (878),** en la que el rey **Alfredo el Grande de Wessex** derrotó a un gran ejército vikingo.

24. **Los vikingos daneses y noruegos empezaron a hacer incursiones en las costas británicas** a partir del siglo VIII.

25. **Las tribus anglosajonas se dividieron en siete pequeños reinos conocidos como la Heptarquía.** Estos reinos eran independientes entre sí. A menudo luchaban entre ellos.

26. Finalmente, **el Reino de Wessex se convirtió en el más poderoso**. Unificó los siete en un gran reino conocido como **Inglaterra o la «Tierra de los Anglos».**

27. **Los reyes fuertes controlaban las leyes, los impuestos, los asuntos militares y las decisiones del gobierno**. Eran responsables del bienestar del pueblo. Sin embargo, los reyes solían pedir consejo a sus *ealdormen*, una especie de gobernadores.

28. **El** *Wergild* **(«precio del hombre») determinaba la indemnización que debía recibir una persona** si era agraviada o herida o si un miembro de su familia era asesinado.

29. **Entre las obras literarias importantes de esta época se encuentran** *Beowulf* (un poema épico heroico) y **la** *Historia eclesiástica del pueblo inglés* **de Bede** (un importante libro de consulta sobre el cristianismo primitivo en Gran Bretaña). **La** *Crónica anglosajona*, un registro de los acontecimientos que tuvieron lugar durante el reinado de **Alfredo el grande** (r. 871-899), es una de las referencias anglosajonas más importantes.

30. En el **periodo anglosajón** tardío **se produjo un aumento de la alfabetización y la educación**. Se crearon escuelas para enseñar **literatura latina y griega, matemáticas y filosofía** a la clase alta.

31. **Los anglosajones creían originalmente en los numerosos dioses germánicos,** como *Woden/*Odín (el padre de los dioses), *Thunor/*Thor (el dios del trueno), **Freya** (la diosa del amor) y *Tiw/*Tyr (el dios de la guerra). Todos estos dioses fueron venerados por los posteriores enemigos de los anglosajones, los vikingos.

32. **Sus creencias cambiaron cuando empezó a extenderse el cristianismo**. La religión fue introducida por primera vez por **San Agustín de Canterbury en 597, cuando el apa Gregorio I** lo envió en misión para convertir a los anglosajones.

33. **Los anglosajones eran artesanos muy hábiles.** Trabajaban la madera, la piedra, el metal, el cuero y los tejidos para crear bellas obras de arte y objetos prácticos, como **armas y herramientas.**

34. **La arquitectura anglosajona se caracterizaba por edificios de madera** con tejados de paja. En épocas posteriores se introdujeron materiales más duraderos como el **ladrillo y la piedra.**

35. **Las viviendas de esta época variaban en función de la clase social**. Los reyes y los nobles vivían en lujosos salones, pero la mayoría de la gente vivía en chozas y cabañas muy sencillas.

36. **En la época anglosajona se construyeron los burgos**, ciudades fortificadas. Cualquier ciudad británica con «burgh» al final fue fundada durante esta época.

37. **Su forma de entretenimiento más importante era la narración de cuentos,** que a menudo incluían elementos mitológicos y hazañas heroicas.

38. **Los anglosajones precristianos creían en una variedad de criaturas mágicas,** incluyendo elfos, dragones, hadas y gigantes, que a menudo se mencionaban en las historias de la época.

39. **La música era popular entre todas las clases.** Los instrumentos incluían tambores, flautas, arpas y liras. Los estilos musicales iban **desde canciones populares hasta poemas épicos** ambientados con melodías primitivas.

40. **También se jugaba. Eran populares los juegos de dados como el** *knucklebones*, que era similar al juego de la taba actual.

41. **El consumo de alcohol era habitual.** El hidromiel, una bebida elaborada con miel, y la *ale*, una **cerveza elaborada con cebada**, eran muy populares. A menudo se **bebían bebidas alcohólicas en lugar de agua.** El agua a menudo contenía bacterias, que enfermaban a la gente.

42. **La vestimenta tradicional de esta época consistía principalmente en prendas de lana para hombres y mujeres.** Llevaban **túnicas** (camisas largas), **capas o abrigos**, **pantalones o medias**. Las mujeres vestían camisas de lino, normalmente una camisa larga atada a la cintura. **Las mujeres ricas llevaban vestidos.** Casi todo el mundo llevaba zapatos o botas de cuero.

43. **El promedio de vida en la Inglaterra anglosajona era inferior a cuarenta años** para la mayoría de la gente. La realeza, especialmente los reyes, solía vivir un poco más.

44. **A finales del periodo anglosajón, Inglaterra era una nación muy rica.** Gobernantes extranjeros intentaron controlarla, como los normandos y los vikingos.

45. **El periodo anglosajón terminó en 1066, cuando Guillermo de Normandía, más tarde conocido como Guillermo el conquistador, invadió Inglaterra.**

Los vikingos en Inglaterra
(793 - 1066)

Los vikingos eran habitantes de Noruega, Dinamarca y Suecia que comenzaron a navegar desde sus hogares escandinavos para explorar y asaltar el mundo que les rodeaba en el siglo VIII de nuestra era. La mayoría de los vikingos suecos viajaron hacia el este, a Rusia y Ucrania, pero **los daneses y noruegos lo hicieron hacia el oeste**. Al principio **asaltaron Inglaterra** en busca de riquezas, pero más tarde se asentaron allí. A lo largo de los años, **vikingos e ingleses libraron muchas batallas**. Llegó un momento en que **los escandinavos controlaban gran parte de Inglaterra**. Su principal ciudad era **Jorvik**, la actual York, en el noreste de Inglaterra. Los anglosajones llamaban **Danelaw** a la zona que rodeaba la ciudad y cruzaba el país hasta el mar de Irlanda. Aprenda más sobre esta época aventurera y peligrosa con estos treinta datos.

46. **Los vikingos hicieron incursiones, comerciaron y luego se asentaron en muchas partes de Gran Bretaña e Irlanda.**

47. **En la primera década del 800, muchas familias vikingas empezaron a asentarse en Inglaterra**, especialmente en el norte y en la parte sureste del país, conocida como **Anglia Oriental.**

48. **La mayoría de los vikingos que se asentaron en la parte noreste de Inglaterra eran daneses. Los vikingos noruegos, llamados nórdicos**, se asentaron en la parte noroeste de Inglaterra y suroeste de Escocia, junto con el norte de las islas Orcadas y Hébridas. **Los vikingos también establecieron bases y ciudades en Irlanda.**

49. **Aunque los vikingos controlaron islas frente a la costa de Escocia** y algunas ciudades en las regiones fronterizas entre Inglaterra y Escocia, **nunca controlaron Escocia, pero sí algunas partes de Inglaterra.**

50. **Cuando comenzaron las batallas entre vikingos y anglosajones**, los vikingos tenían ventaja. Muchos vikingos habían combatido antes. Muchos de los primeros **ejércitos anglosajones con los que se encontraron estaban formados en gran parte por los *fyrd***, que eran **granjeros y campesinos** a quienes se ordenaba servir en el ejército. **La mayoría de ellos no tenía entrenamiento ni experiencia.**

51. **Ningún lugar estaba a salvo de los asaltantes vikingos, ya que sus barcos eran capaces de recorrer incluso ríos poco profundos.**

52. **Los monasterios fueron los principales objetivos de las incursiones vikingas en el periodo vikingo inicial.** Estos edificios solían ser muy ricos en monedas de oro y objetos religiosos.

53. **El asalto más famoso a un monasterio fue el primero a la isla de Lindisfarne**, en la costa norte de Inglaterra, en el 793.

54. **A medida que crecía la interacción entre anglosajones y vikingos, también lo hacía la difusión de las creencias cristianas entre los vikingos.**

55. **En contra de lo que mucha gente cree, los vikingos y los ingleses vivían a menudo en las mismas zonas.** Comerciaban entre ellos y ocasionalmente se casaban entre sí.

56. **Los vikingos no trajeron la muerte y la destrucción a Inglaterra.** Gracias a que muchos vikingos establecieron redes comerciales, Inglaterra empezó a comerciar con muchas más culturas.

57. **Muchos hallazgos arqueológicos en la Inglaterra de este periodo** procedían de lugares tan lejanos como Oriente Próximo, Rusia y Ucrania, lugares donde los vikingos se habían asentado o tenían estaciones comerciales.

58. **El arte vikingo en forma de trabajos en madera y joyas era muy similar al arte anglosajón precristiano.** Esto no es sorprendente, ya que algunos **vikingos procedían de las mismas zonas que los anglos, sajones y jutos** antes de viajar a Gran Bretaña.

59. **La ciudad moderna de York era conocida por los vikingos como Jorvik.** Fue la ciudad y fortaleza vikinga más importante de Inglaterra.

60. **El control de York («Jorvik») fue intermitente entre los vikingos y los anglosajones desde aproximadamente el 850 hasta el 954,** cuando los anglosajones tomaron el control de la ciudad. Incluso bajo el mandato del rey vikingo Canuto, York fue gobernada por los anglosajones.

61. **Hoy en día, es fácil identificar las ciudades de Inglaterra que fueron fundadas por los vikingos.** Por ejemplo, los pueblos y ciudades que terminan en «by» fueron fundados por los daneses.

62. **Aunque las tierras de Inglaterra controladas por los vikingos crecieron, se redujeron y se desplazaron con el tiempo,** la **parte** noreste y centro-norte **de Inglaterra se conoció como el Danelaw,** la zona donde regía la ley de los daneses.

63. **La zona de Inglaterra al norte de Liverpool y hasta el famoso País de los lagos fue controlada por vikingos noruegos** durante el periodo vikingo y no por los daneses.

64. **El Gran ejército pagano, también conocido como el Gran ejército vikingo, invadió Inglaterra en el 865.** Antes de esto, la mayoría de las invasiones vikingas de Inglaterra fueron incursiones más pequeñas.

65. **Cuenta la leyenda que los tres hijos del legendario vikingo Ragnar Lothbrok lideraron el Gran ejército pagano.** Los historiadores no están seguros de si Ragnar era una leyenda o una persona real.

66. **Uno de los hombres que afirmó ser hijo de Ragnar fue Ivar el deshuesado.** Algunos historiadores y arqueólogos creen que **Ivar murió en una batalla cerca de Repton,** donde se encontró una fosa común con cadáveres vikingos a principios de la década de 1970.

67. **Una de las formas de estudiar la historia vikinga es encontrar y estudiar los numerosos tesoros de monedas, joyas, armas y metales preciosos que los vikingos enterraron bajo tierra.** Todavía hoy se siguen encontrando tesoros en Inglaterra y otros lugares.

68. **A mediados del siglo IX, los vikingos controlaban gran parte de Inglaterra.** El único reino anglosajón que quedaba era Wessex.

69. **Durante quince años, el rey de Wessex, más tarde conocido como Alfredo el grande, unió los reinos sajones, luchó contra los vikingos** y los alejó de las fronteras de su reino.

70. **En 1002, el rey de Wessex, Æthelred el desprevenido, ordenó una masacre de daneses en Inglaterra.** Los historiadores no están seguros de cuántos daneses murieron en la **masacre del día de San Brice**. Podrían haber muerto miles.

71. Aunque mucha gente cree que el apodo de **Æthelred significa que no estaba preparado, el título tiene sus raíces en la palabra sajona** *redeless*, que significa «**sin consejo**» o «sin precaución»

72. **En 1016, el rey vikingo Canuto se convirtió en rey de Inglaterra, Dinamarca y Noruega.** Sin embargo, nombró **al inglés Harold I** su sucesor como rey de Inglaterra.

73. Un famoso **relato sobre el rey Canuto** cuenta la historia de cómo **ordenó que las mareas dejaran de subir**. Mucha gente hoy en día piensa que esto se debió a que estaba loco, pero lo hizo para demostrar a sus hombres que había cosas que no podía hacer.

74. **Antes de que Guillermo de Normandía lanzara su invasión a Inglaterra** en el otoño de 1066, la última gran invasión vikinga de Inglaterra tuvo lugar en el noreste de Inglaterra. El **famoso guerrero vikingo** (que significa «**gobernante duro**» en nórdico antiguo) creía que tenía derecho al trono inglés.

75. **Hardrada** fue derrotado y asesinado por el **rey inglés Harold Godwinson** en **la batalla de Stamford Bridge** el 25 de septiembre de 1066, sólo tres semanas antes de **la batalla de Hastings**.

La conquista normanda
(1066 - 1075)

En este capítulo exploraremos **la conquista normanda de Inglaterra**. Analizaremos la cultura, la lengua, las leyes, el gobierno y la arquitectura introducidos **por Guillermo el conquistador** y sus hijos. **La conquista normanda** influyó en **la estructura económica y social de Inglaterra.** Hay mucho por descubrir, ¡así que empecemos!

76. **La conquista normanda fue un acontecimiento muy importante en la historia de Inglaterra,** que tuvo lugar entre 1066 y 1075.

77. **Antes de 1066, no se libraron batallas a gran escala entre los ingleses y los ejércitos de la Francia actual.**

78. **La conquista normanda fue un proceso gradual**, no un único acontecimiento.

79. **Comenzó con la batalla de Hastings** el 14 de octubre de 1066, cuando el **duque Guillermo de Normandía** (parte de la actual Francia) **invadió Inglaterra.**

80. **Guillermo derrotó al rey Harold II de Inglaterra en la batalla de Hastings y se convirtió en el primer rey normando de Inglaterra.**

81. No mucho **antes de que el rey Harold fuera derrotado por Guillermo I,** su **ejército anglosajón luchó y derrotó al último gran ejército vikingo en la batalla de Stamford Bridge.** Muchos historiadores creen que **Harold** podría haber ganado **Hastings** si **los vikingos no hubieran invadido.**

82. **«Normando»** es una variación de la palabra *Northmen*. **Los normandos eran originalmente vikingos a los que el rey de Francia les dio la tierra** para proteger la región de otros vikingos.

83. **Tras ganar la batalla, Guillermo marchó a Londres,** donde **fue coronado rey el día de Navidad de 1066 en la Abadía de Westminster por el arzobispo Aldred de York.**

84. **Guillermo estableció entonces su corte en el castillo de Winchester, en Hampshire,** que se convirtió en su base principal para gobernar Inglaterra hasta su muerte en septiembre de 1087.

85. **Aunque Guillermo llegó a ser rey de Inglaterra,** pasó la mayor parte del resto de su vida en su tierra natal de **Normandía.**

86. **Guillermo I construyó muchos castillos como forma de mostrar su fuerza al pueblo de Inglaterra. El castillo de Windsor,** cerca de **Londres,** fue construido durante su reinado.

87. **En los años posteriores a la conquista normanda se construyeron muchos monasterios y abadías.**

88. **A los normandos se les atribuye la introducción de varios edificios que no se habían visto antes en Gran Bretaña, como molinos de viento, castillos de piedra y muchas iglesias y catedrales de estilo románico.** ¡Algunas de ellas siguen en pie hoy en día!

89. **Los normandos hablaban un dialecto francés, que se convirtió en la lengua de la corte inglesa** hasta el siglo XIV.

90. **Los normandos introdujeron algunos elementos franceses en el inglés antiguo,** lo que ayudó a evolucionar la lengua inglesa que hablamos hoy en día.

91. **La nueva cultura «anglo-normanda» que se desarrolló en Inglaterra después de 1066 marcó un nuevo comienzo en la historia inglesa.** El pueblo de Inglaterra que se unió bajo los reyes normandos puede reconocerse como el inicio de la **cultura «inglesa»** actual.

92. **Gran parte de la literatura normanda tenía que ver con el romance.** Estas leyendas románticas influyeron más tarde en la cultura cortesana de Inglaterra, como **las famosas historias de caballeros y damiselas** en apuros.

93. **La famosa leyenda de Robin Hood es una historia de la resistencia anglosajona** a la ocupación normanda de Inglaterra.

94. **El *Libro Domesday*, encargado por Guillermo I,** es un importante registro que detalla la vida durante esta época. **El libro incluye información sobre la propiedad de las tierras, el número de habitantes y otros datos.** El libro estaba destinado **a ayudar a Guillermo con los impuestos.**

95. **La obra de arte más conocida sobre los normandos de Inglaterra es el *Tapiz de Bayeux*,** que narra la historia de **la conquista normanda,** incluida **la batalla de Hastings.**

96. **Tras la conquista, los nobles que apoyaban a Guillermo se hicieron ricos y poderosos,** mientras que a los que se oponían se les arrebataron sus tierras. ¡Algunos incluso tuvieron que huir de Gran Bretaña!

97. Durante este período, **había tres clases principales: el rey y su familia, los nobles/señores/alto clero** (que poseían la mayor parte de las tierras), y el pueblo llano, la mayoría de los cuales no poseía tierras.

98. **Los normandos introdujeron el feudalismo en Inglaterra,** lo que significaba que la gente trabajaba para los nobles a cambio de protección y el uso de sus tierras.

99. **Muchas de las nuevas leyes introducidas por Guillermo se basaban en el derecho romano y las costumbres francesas,** creando un sistema híbrido con elementos de todas las culturas que vivían en Inglaterra en aquella época.

100. **Guillermo introdujo una nueva forma de castigo para las rebeliones llamada el Harrying,** que consistía en destruir aldeas o cosechas como castigo por los delitos cometidos contra él o sus funcionarios.

101. **Debido a que Guillermo y sus sucesores controlaban Normandía en la Europa continental, el comercio entre Inglaterra y Europa aumentó en esta época.**

102. **Los normandos acabaron estableciendo reinos en Sicilia y Tierra Santa.** Esto significó que, en un momento dado, **los normandos gobernaron lugares del mar del Norte hasta Oriente Medio.**

103. **Guillermo estuvo muy enfermo durante cinco semanas antes de morir.** Murió en septiembre de 1087, y su cuerpo fue transportado muchos kilómetros hasta su **capital, Ruán, Normandía.** En el funeral, su abdomen explotó, cubriendo a los dolientes con sus entrañas. Su cuerpo fue rápidamente arrojado a un hoyo y tapado.

104. En 1087, el hijo de Guillermo, **Guillermo II, tomó el control tras su muerte.** Guillermo II gobernó durante algo más de una década antes de que **Enrique I** le sucediera. Guillermo II también es conocido como **Guillermo II Rufus** por su llameante pelo rojo. **«Rufus»** significa **«pelirrojo»** en latín.

105. **La conquista normanda fue la última vez que Inglaterra fue invadida.** Aunque **Napoleón** y **Hitler** planearon y prepararon sus propias **invasiones de Inglaterra,** fueron derrotados antes de que estos ataques pudieran producirse.

Dinastía Plantagenet
(1154 - 1485)

Ahora analizaremos más de cerca **una de las familias y dinastías inglesas más famosas.** Descubriremos treinta hechos sobre cómo la familia Plantagenet y su gobierno afectaron a este periodo de la historia de Inglaterra. Aprenderá **datos interesantes sobre cómo establecieron un imperio**, reformaron el sistema legal y construyeron universidades.

106. **La dinastía Plantagenet gobernó Inglaterra desde 1154 hasta 1485** e incluyó a muchos reyes famosos como **Enrique II, Ricardo I** (Corazón de León), **Juan** (Lackland) y **Eduardo III.**

107. **«Plantagenet» procede del nombre latino** *planta genista,* la flor amarilla de la retama, que es el símbolo de la familia gobernante de **la provincia francesa de Anjou**. Los Plantagenet eran originarios de Anjou. A menudo se hace referencia a los reyes Plantagenet como los reyes angevinos de Inglaterra. **Un angevino es alguien de Anjou.**

108. Uno de los miembros más poderosos de esta dinastía fue **Leonor de Aquitania**, que trajo consigo sus vastas tierras en Francia cuando **se casó con Enrique II en 1152.**

109. Antes de que Leonor se casara con Enrique II, **había sido esposa del rey Luis VII de Francia**, pero el matrimonio fue anulado en 1152.

110. **Mientras estaba casada con Luis, Leonor se unió a los ejércitos cristianos en la Tercera Cruzada y viajó a Tierra Santa** para intentar recuperar el control cristiano de manos de los musulmanes.

111. En 1173, **el hijo de Enrique II, llamado «el joven Enrique», se rebeló contra su padre. Leonor fue arrestada y encarcelada durante trece años** por apoyar a su hijastro en lugar de a su marido, al que había llegado a odiar.

112. **Ricardo I, a veces conocido como Ricardo Corazón de León,** gobernó de 1189 a 1199. **Luchó contra el gobernante musulmán Saladino en la Tercera Cruzada** y fue una de las figuras más influyentes de su época.

113. **El rey Juan gobernó de 1199 a 1216. La Carta Magna fue firmada por el rey Juan** en 1215, **que limitaba su poder para gobernar** sin consultar antes a un consejo de nobles.

114. **Carta Magna significa «gran carta» en latín** y se cree que inspiró la **Constitución de Estados Unidos.**

115. **El rey Juan se vio obligado a firmar la Carta Magna después de que muchos nobles ingleses juraran rebelarse si no lo hacía.** De todos modos, muchos nobles se rebelaron contra Juan en un intento de reducir su poder y reemplazar a su familia en el trono.

116. **El hijo de Juan, Enrique III, se convirtió en rey, pero tenía algo menos de poder** que los reyes ingleses anteriores a Juan.

117. **El rey Eduardo I gobernó de 1272 a 1307. En 1290, promulgó un decreto expulsando a todos los judíos de Inglaterra.** No se les permitió volver al país hasta 1656 bajo el gobierno **de Oliver Cromwell.**

118. **Durante el reinado de Eduardo I, promulgó leyes que castigaban a los culpables con la muerte en la horca o el descuartizamiento,** una de las formas de ejecución más crueles jamás utilizadas.

119. En 1274, **Eduardo I ordenó un censo y un estudio del gobierno en varias zonas de Inglaterra llamado** *Hundred Rolls.* A raíz de este estudio se introdujeron diversas reformas legales.

120. **Eduardo I añadió Gales a su reino** entre 1277 y 1283. Los galeses siguen considerándose los únicos británicos que quedan.

121. Durante este período, **se produjeron batallas entre Inglaterra y Escocia** conocidas como las guerras de la **Independencia Escocesa**, que duraron más de treinta años a finales del siglo XIII y en el siglo XIV.

122. **El famoso héroe escocés William Wallace luchó contra el rey Eduardo I** al comienzo de la primera guerra de Independencia de Escocia, que tuvo lugar entre 1296 y 1328.

123. **Eduardo III gobernó de 1327 a 1377.** Creó una orden especial de caballeros conocida como **los Caballeros de la Jarretera**, que sigue existiendo hoy en día.

124. En 1337, **el rey Eduardo III declaró la guerra a Francia**, que más tarde se conocería como **la guerra de los Cien Años**. Terminó en 1453 cuando **Enrique V firmó el Tratado de Troyes**, renunciando a las pretensiones inglesas sobre tierras francesas.

125. **Un famoso rey Plantagenet fue Ricardo III,** que gobernó de 1483 a 1485. **Se hizo famoso en la obra homónima de Shakespeare,** que trataba sobre **las famosas guerras de las rosas,** que leerá en breve.

126. **Los juglares ambulantes o trovadores se hicieron populares durante este periodo.** A menudo cantaban en las cortes reales. Sus canciones trataban principalmente sobre el amor o la caballería.

127. **La caballería floreció entre los caballeros en los torneos de la época.** Demostraban su destreza con las armas o participaban en justas a caballo.

128. Uno de los libros más famosos de la historia inglesa fue *Le Morte d'Arthur (La muerte de Arturo),* **de Thomas Malory.** El libro fue escrito a mediados del siglo XV. Fue la primera obra completa sobre las historias **del mítico rey Arturo.**

129. Una de las piezas más importantes de la literatura inglesa escrita durante este período fueron *los Cuentos de Canterbury* de **Geoffrey Chaucer**, una colección de historias sobre peregrinos en su camino a la catedral de Canterbury.

130. **Durante la dinastía Plantagenet se fundaron escuelas por toda Inglaterra.** Algunas incluso enseñaban latín, hebreo y griego. **Estas escuelas no eran para todos. Sólo podían asistir la realeza**, los nobles, sus familias y los destinados al clero.

131. **La Universidad de Oxford, que se cree que fue fundada en 1096 durante la época normanda,** se convirtió en la mayor universidad de Inglaterra bajo los Plantagenet. La dinastía prohibió a los estudiantes ingleses estudiar en Francia. **Cambridge se fundó en 1209 y Enrique III le concedió una carta real en 1231.**

132. **El número de castillos fortificados en Inglaterra creció en esta época**. Las guerras con los escoceses, las rebeliones ocasionales y la posibilidad de una invasión francesa hicieron que los Plantagenet fortificaran su reino.

133. **Durante la dinastía Plantagenet aumentó el comercio con otros países de Europa,** lo que propició un mayor intercambio cultural entre Inglaterra y sus vecinos.

134. **Los Plantagenet crearon un nuevo sistema de tributación llamado subsidios laicos,** que obligaba a la gente a pagar impuestos en función de sus ingresos o bienes. Este sistema rara vez se había utilizado en Europa antes de esta época.

135. **La lengua inglesa siguió evolucionando durante esta época** debido a la influencia del francés tras la invasión normanda y el ascenso de los Plantagenet.

La guerra de los Cien Años

(1337 - 1453)

La guerra de los Cien Años enfrentó a Inglaterra y Francia. La guerra duró de **1337 a 1453** y fue una época de agitación que tuvo efectos profundos y duraderos en Inglaterra y su pueblo. Veamos treinta **datos muy interesantes sobre las batallas, las armas y las estrategias** utilizadas por ambos bandos. También descubriremos cómo repercutió esta larguísima guerra en ambos países.

136. **La guerra de los Cien Años fue un conflicto entre Inglaterra y Francia** que duró 116 años.

137. **Comenzó cuando el rey Eduardo III de Inglaterra, que tenía una débil pretensión al trono francés,** invadió Francia en 1337, lo que dio lugar a una serie de batallas. La lucha no terminó hasta 1453.

138. En esta guerra participaron muchas figuras famosas de ambos bandos, como el **rey Enrique V** por la parte inglesa y **Juana de Arco, el rey Carlos VII** y **Bertrand du Guesclin** por la parte francesa.

139. **Se estima que más de tres millones de personas murieron durante la guerra,** convirtiéndola en uno de **los conflictos más mortíferos de la historia europea de la época.** Muchas de estas muertes se debieron a enfermedades, que la gente contrajo debido a las malas condiciones sanitarias. Durante este periodo también se produjo la llegada de **la peste negra** procedente de Asia.

140. **La peste negra acabó con un tercio de la población europea** y redujo drásticamente el número de soldados disponibles para ambos bandos en esta prolongada guerra. **La pandemia pudo ser uno de los factores que condujeron al final de la guerra.**

141. **La batalla de Auberoche en 1345 se considera uno de los primeros grandes éxitos de Eduardo III** durante este conflicto. Su victoria le permitió capturar muchos territorios en el suroeste de Francia.

142. **En 1346, Eduardo III obtuvo una victoria decisiva contra Felipe VI en Crécy** con sus arqueros de arco largo, que derrotaron a un ejército que los doblaba en tamaño.

143. **En 1355, Eduardo III concedió a su hijo Eduardo «el Príncipe negro» el mando de un ejército.** Utilizó el ejército para asaltar territorios franceses durante lo que se conoció como la *Chevauchée*, que significa «paseo» o «carga de caballos». **El Príncipe negro** incursionaba tras las líneas enemigas a caballo.

144. **Durante esta guerra, ambos bandos utilizaron diversas tácticas**, como la guerra de asedio, el uso masivo del arco largo por parte de los ingleses, las emboscadas y las cargas de caballería pesada.

145. **Una estrategia clave utilizada por ambos bandos fue la construcción de enormes castillos como fortificaciones defensivas** a lo largo de sus fronteras. Muchos de ellos son hoy ruinas.

146. **Durante esta guerra, ambos bandos utilizaron espías para recabar información** sobre las tácticas y los planes de su enemigo. ¡Algunos **historiadores creen que el espionaje jugó un papel importante** a la hora de determinar quién ganó ciertas batallas!

147. En 1360, **el Tratado de Brétigny condujo a una paz temporal entre Inglaterra y Francia**. La paz duró hasta 1369, cuando se reanudaron las hostilidades después de que **Carlos V rechazara sus términos**.

148. **En la batalla de Agincourt,** en 1415, los ingleses, liderados por **Enrique V**, salieron victoriosos, a pesar de que el enemigo los superaba en número seis a uno.

149. Un momento clave durante la guerra fue cuando **Enrique V capturó Harfleur** (1415) de camino a **la batalla de Agincourt**. Esta fue una gran victoria para los ingleses, y les dio acceso a un puerto muy necesario.

150. **Los ingleses utilizaron por primera vez cañones en el asedio de Harfleur,** lo que les ayudó a derribar algunas de las defensas de la ciudad.

151. **Durante la guerra de los Cien Años, las fuerzas inglesas lograron capturar grandes partes de Francia, como Normandía, Aquitania y Poitou.** Sin embargo, acabaron perdiendo el control sobre estos territorios en 1453, cuando se acordó la paz.

152. En 1394, **John Hawkwood, uno de los comandantes más famosos de la historia inglesa, consiguió romper las defensas francesas en Meaux** utilizando tácticas de asedio innovadoras, como la excavación y contramina de túneles bajo las murallas.

153. **Juana de Arco, conocida como la «Doncella de Orleans»,** fue una campesina adolescente que lideró un ejército contra los ingleses en 1429 tras escuchar voces de Dios que le decían que lo hiciera. **Proclamaba victorias antes de que se produjeran.** La gente creía que tenía una conexión personal con Dios.

154. **Una de las razones por las que Inglaterra acabó perdiendo fue que Carlos VII reunificó una Francia muy dividida bajo su mandato,** lo que le dio una enorme ventaja en términos de recursos.

155. **Este largo conflicto tuvo un enorme impacto económico en la Europa** de la época, drenando recursos e interrumpiendo las rutas comerciales, lo que provocó escasez de alimentos en toda Europa.

156. **Una batalla clave de las últimas fases de este conflicto se libró en Formigny en 1450.** Las fuerzas francesas al mando de Jean de Villiers derrotaron a un ejército dirigido por Thomas Kyriell.

157. De Villiers combinó nuevas tácticas, como los cañonazos, con estrategias tradicionales, como las cargas de caballería. Esta batalla marcó un punto de inflexión en la guerra. **Francia acabaría ganando en 1453**.

158. Hacia el final de la guerra, los ingleses sufrían grandes pérdidas y dificultades para abastecer a sus tropas a través del canal de la Mancha. Las enfermedades también hicieron estragos.

159. La última batalla de la guerra de los Cien Años se libró en Castillon (1453). Se saldó con **una decisiva victoria francesa** que supuso el fin de las pretensiones inglesas al trono de Francia.

160. En este conflicto también se utilizaron por primera vez armas de fuego en los campos de batalla europeos, aunque estas armas de fuego eran mucho menos eficaces que el armamento medieval tradicional como espadas y flechas.

161. La guerra de los Cien Años condujo a la creación de nuevas tecnologías, como las ballestas mejoradas, que podían disparar flechas más potentes a mayor distancia. **Las ballestas ayudaron a ambos bandos a ganar ventaja** sobre el otro en ciertas batallas.

162. Esta guerra marcó una transición desde la guerra medieval tradicional hacia las tácticas modernas, que incluían ejércitos permanentes, un mejor uso de las **armas de artillería** (como los cañones) combinadas con fuerzas de infantería y máquinas de asedio.

163. La guerra de los Cien Años marcó el amanecer de la era de la caballería. Los caballeros empezaron a **utilizar caballos acorazados** con armadura

completa. Los **soldados** ya no eran sólo arqueros montados o jinetes ligeros. «Caballería» viene de una palabra inglesa con raíces francesas. *Cheval* significa «caballo» en francés.

164. Los cuentos de caballería se hicieron muy populares en esta época. A la gente le encantaba leer historias sobre caballeros montados luchando entre sí y el amor cortés **entre caballeros y «damiselas en apuros».**

165. Esta larga y sangrienta guerra fue un acontecimiento cultural de primer orden en la historia europea, y muchos escritores y poetas contemporáneos escribieron sobre ella en sus obras.

Las guerras de las rosas
(1455 - 1487)

Este capítulo explorará la fascinante historia de **las guerras de las rosas, una guerra civil en Inglaterra** que duró de 1455 a 1487. **Se libró entre dos ramas de la casa real de Plantagenet.** Echaremos un vistazo a treinta datos interesantes sobre los personajes, las batallas, la política y el legado de este importante punto de inflexión en la historia de Inglaterra.

166. **La guerra de las rosas fue una guerra civil en Inglaterra** que se libró entre 1455 y 1487.

167. **Inglaterra ha tenido más de una guerra civil, aunque sólo existe un conflicto denominado guerra civil inglesa.** Esa guerra tuvo lugar entre 1642 y 1652. Trataremos esa guerra en otro apartado.

168. **La guerra se libró entre dos ramas de la Casa de Plantagenet,** conocidas como **la Casa de Lancaster** (simbolizada por una rosa roja) y **la Casa de York** (simbolizada por una rosa blanca).

169. **Estas guerras repercutieron en la moda, ya que la gente vestía los colores de su casa para mostrar su apoyo.** Llevaban rosas rojas o blancas en eventos como torneos o festivales, que eran populares durante esta época.

170. **Estos dos bandos lucharon por el control de Inglaterra hasta que Enrique Tudor de Lancaster ganó la batalla de Bosworth Field en 1485,** donde derrotó a Ricardo III de York.

171. **Durante estas guerras, muchas familias poderosas apoyaron a uno u otro bando, como los Neville, los Percy, los Stanley, los Grey y los Talbot.** Todos ellos lucharon por el control del trono de Inglaterra.

172. Muchos personajes famosos participaron en las guerras de las rosas, como **Margarita Beaufort,** que ayudó a su hijo, **Enrique Tudor**, a hacerse con el poder mediante alianzas con otras familias nobles. **John Neville** actuó como comandante en jefe de su hermano, conocido como **Warwick el hacedor de reyes.**

173. La batalla de Towton, en 1461, está considerada como una de **las más sangrientas libradas en suelo inglés.** Nadie lo sabe con certeza, pero se dice que unas veintiocho mil personas murieron durante la batalla, que tuvo lugar en medio de una fuerte tormenta de nieve.

174. Eduardo IV ganó muchas batallas para York durante estas guerras, lo que le permitió **convertirse en rey en 1461.** Gobernó durante doce años, aunque tuvo que huir del país durante un breve periodo de tiempo.

175. Ricardo III es recordado como un rey tirano porque usurpó el poder a Eduardo V, hijo de Eduardo IV.

176. También se cree que Ricardo secuestró y mató a los jóvenes príncipes, sus sobrinos, para evitar que reclamaran el trono.

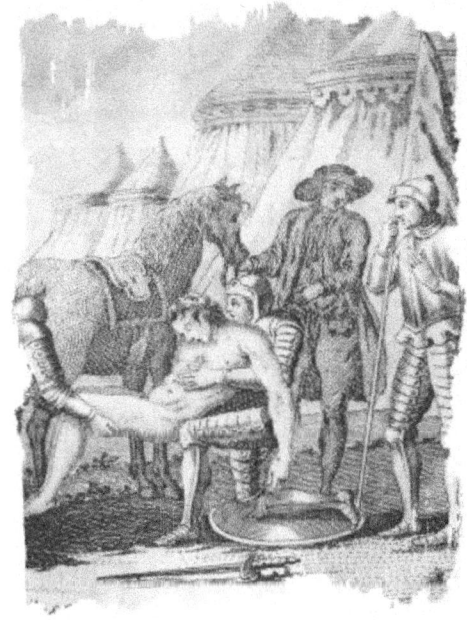

177. Ricardo III fue inmortalizado más tarde por William Shakespeare como un tirano malvado en su obra Ricardo III, que contribuyó a formar la opinión que la gente tiene de él. Hoy en día, los historiadores creen que podría no haber sido tan malo como se pensó en un principio.

178. Ricardo fue el último rey inglés que murió en batalla, sucedió en Bosworth Field, la batalla final de **las guerras de las rosas.**

179. El cuerpo de Ricardo III fue encontrado en 2012 en el yacimiento de Grey Friars, en el condado de Leicester, en una zona abierta que en su día fue un aparcamiento. En 2015, **Ricardo III recibió sepultura real en la catedral de Leicester.**

180. Margarita Beaufort desempeñó un papel importante en la consecución de la paz entre ambos bandos a través de sus negociaciones matrimoniales con Lord Stanley, quien luego ayudó a su hijo **Enrique Tudor** a obtener la victoria en **Bosworth Field** contra **Ricardo III.**

181. Las mujeres desempeñaron un papel importante durante este periodo, como **Isabel Woodville,** la esposa no noble de **Eduardo IV,** cuya impopularidad contribuyó a provocar **las guerras de las rosas. Margarita de Anjou, esposa de Enrique VI,** desempeñó un gran papel entre bastidores y fue una figura clave en el estallido de la guerra.

182. **Margarita de Anjou** es otra importante figura femenina de este periodo. Fue **la reina consorte de Enrique VI** y una poderosa líder por derecho propio, dirigiendo a las tropas en la batalla de Tewkesbury, donde fue derrotada por **Eduardo IV.**

183. **Cuando terminó la guerra, Enrique VII se casó con Isabel de York, hija de Eduardo IV. Enrique e Isabel fueron los padres de Enrique VIII** y los abuelos de **Isabel I. Enrique VII fue el primer monarca Tudor,** e **Isabel I fue la última.**

184. Al final de la guerra, **los símbolos de Lancaster y York se unieron en la Rosa de los Tudor,** una rosa con pétalos blancos y rojos.

185. **Una de las principales razones por las que estas guerras duraron tanto tiempo fue porque ambos bandos estaban igualados,** sin que ninguno de ellos tuviera una clara ventaja duradera sobre el otro hasta **la derrota de Ricardo III en Bosworth Field**

186. **Durante este periodo, Inglaterra también experimentó muchos cambios, entre ellos el uso de más armas de pólvora,** lo que hizo que las batallas fueran más destructivas. Se crearon nuevas leyes y se aumentaron los impuestos porque las campañas militares consumían muchos recursos.

187. **Estas guerras tuvieron un gran impacto en la política inglesa, ya que los nobles perdieron poder mientras que el Parlamento comenzó a desempeñar un papel algo más importante en las decisiones nacionales.**

188. **Muchas ciudades que fueron destruidas durante este conflicto nunca se recuperaron del todo**, lo que provocó un declive económico duradero en algunas zonas. También causó desconfianza entre las diferentes regiones. Algunas de las rivalidades regionales en el fútbol, por ejemplo, se remontan a **las guerras de las rosas.**

189. **Este conflicto causó mucho sufrimiento en toda Inglaterra, donde la gente huía de sus hogares o moría a causa de las batallas que tenían lugar en las cercanías.** El hambre, las enfermedades y la pobreza se extendieron por muchas regiones, haciendo la vida difícil a los que sobrevivieron.

190. **Se ha calculado que hasta 100.000 hombres murieron durante las guerras de las rosas,** lo que las convierte en uno de los conflictos más sangrientos librados en suelo británico.

191. **Las guerras de las rosas tuvieron un impacto en la literatura. Escritores como William Shakespeare** escribieron al respecto en sus obras. Hoy en día, **las guerras de las rosas** son un tema popular en las novelas históricas.

192. **La música también se vio influenciada por estas guerras.** Se escribieron muchas canciones al respecto, como *Rose of England,* muy popular en su día.

193. Después de todo lo que ocurrió durante estas guerras, **al final ayudaron a unificar Inglaterra. Un solo rey fue reconocido por todos.** Creó más estabilidad y aumentó el comercio entre Inglaterra y la Europa continental.

194. **Las guerras de las rosas ayudaron a crear un sentido de identidad nacional en Inglaterra,** ya que la gente comenzó a sentirse más conectada y leal hacia su país.

195. **Han pasado más de quinientos años desde que terminaron estas guerras,** pero todavía hoy se recuerdan en

lugares históricos de Gran Bretaña, como el **Bosworth Battlefield Heritage Centre** y el **Richard III Visitor's Centre**, ambos situados cerca de **Leicester**.

La Reforma inglesa

Este capítulo explorará **la trascendental Reforma inglesa**, un periodo de **revolución religiosa y política** que se vio afectado por **la gran Reforma protestante**. La reforma **cambió el curso de la historia**; veremos cómo a medida que recorremos treinta datos interesantes **sobre esta importante época de la historia europea.**

196. La Reforma protestante fue un movimiento religioso y político que cambió Europa en el siglo XVI.

197. Comenzó cuando Martín Lutero escribió sus *Noventa y cinco tesis*, criticando a la Iglesia católica por sus prácticas de venta de indulgencias y otras actividades corruptas.

198. Lutero fue posteriormente excomulgado de la Iglesia católica por el papa León X en 1521, lo que inició oficialmente la Reforma protestante en toda Europa.

199. La Reforma condujo a la creación de muchas formas diferentes de protestantismo, como el calvinismo, el luteranismo y los anabaptistas, que más tarde se convirtieron en denominaciones como **bautistas, presbiterianos, metodistas y congregacionalistas.**

200. La forma inglesa del protestantismo se denomina anglicanismo.

201. La Reforma tuvo una gran influencia en la lengua inglesa, ya que la *Biblia* **se tradujo a la lengua vernácula** (lengua regional). Antes, la *Biblia* se imprimía en latín.

202. William Tyndale fue el encargado de traducir la *Biblia* **al inglés utilizando los textos originales griego y hebreo.** La primera edición publicada apareció en 1526, aunque se publicaron versiones revisadas póstumamente **tras la ejecución de Tyndale.**

203. Tyndale fue ejecutado en 1536 acusado de herejía. **Se opuso** a la anulación del matrimonio de Catalina de Aragón y **Enrique VIII**.

204. Hubo muchos teólogos influyentes que interpretaron la *Biblia* de manera diferente. **Juan Calvino, Huldrych Zwingli y Felipe Melanchthon** son algunos ejemplos.

205. **En Inglaterra, Thomas Cranmer ayudó a Enrique VIII con su infame separación de Catalina de Aragón.** Enrique VIII quería un heredero varón, y Catalina fue incapaz de proporcionárselo. **Enrique quería anular su matrimonio y casarse con una nueva esposa, Ana Bolena.**

206. El papa se negó a conceder el divorcio a Enrique porque no quería enfadar al emperador del Sacro Imperio Romano Germánico. Así que Enrique decidió separarse de la Iglesia católica, y le fue concedida la separación que tanto deseaba.

207. El Acta de Supremacía del rey Enrique VIII fue aprobada en 1534. El acta lo declaró cabeza de **la Iglesia de Inglaterra.** Ya no tenía que seguir lo que dijera el papa.

208. **El papa estaba tan molesto por las acciones de Enrique que excomulgó al rey inglés.**

209. **El matrimonio de Enrique con Ana Bolena produjo un hijo,** pero no consiguió el heredero varón que deseaba. **Ana Bolena sería finalmente ejecutada por traición.**

210. **Aunque Enrique creó una nueva iglesia, todavía mantenía muchas prácticas católicas.**

211. **El arzobispo de Canterbury dirigía los asuntos cotidianos de la Iglesia de Inglaterra y** Enrique VIII estaba en última instancia a cargo del clero y era considerado «responsable» de las almas de sus súbditos.

212. **La ley eclesiástica, que antaño había rivalizado con el poder de la Corona,** quedó subordinada a las leyes del país (es decir, del rey).

213. **Enrique VIII se apoderó de las tierras y riquezas de los monasterios católicos y órdenes religiosas de Inglaterra** para financiar la nueva iglesia y enriquecerse.

214. **Tomás Moro, autor del libro clásico Utopía, era funcionario del gobierno y católico acérrimo.** Fue ejecutado por no aceptar a Enrique VIII como cabeza de la Iglesia de Inglaterra. Moro es considerado un santo por la Iglesia católica.

215. **Durante al menos dos siglos después de Enrique VIII, los católicos en Inglaterra fueron perseguidos en ocasiones,** aunque los reyes Estuardo de Inglaterra en el siglo XVII eran católicos.

216. **La Iglesia de Inglaterra cambió más drásticamente durante el reinado de Eduardo VI.** Eduardo VI era muy joven, por lo que se apoyó en sus consejeros. Estos hombres deseaban más cambios en la Iglesia de Inglaterra.

217. **En 1549, la Iglesia anglicana introdujo el *Libro de oración común*** en un esfuerzo por dar más estructura a la iglesia y unificar a sus seguidores. Una versión moderna del libro se sigue utilizando hoy en día en la Iglesia anglicana.

218. **Thomas Cranmer fue en gran parte responsable del *Libro de oración común*,** aunque tomó muchos préstamos de otras fuentes.

219. **Después de la muerte de Eduardo VI, su hermana, María, subió al trono. María era católica y quería reinstaurar la religión.**

220. **Al principio, María promovió la tolerancia, pero finalmente comenzó a reprimir a los protestantes.**

221. **María mató a más de trescientas personas durante su reinado por no adherirse al catolicismo.** Una de esas personas fue **Thomas Cranmer.**

222. **Cuando María murió, Isabel I subió al trono. Ella restableció la Iglesia de Inglaterra, pero adoptó un enfoque más moderado.**

223. **En 1559, se aprobó el Acta de uniformidad,** que autorizaba una versión revisada del *Libro de oración común*.

224. **Con el paso del tiempo, surgieron grupos como los puritanos.** Querían despojar o «purificar» a la Iglesia de Inglaterra de cualquier práctica católica romana.

225. **Aunque la Reforma inglesa redujo radicalmente el poder de la Iglesia católica en Inglaterra,** las creencias y rituales de la Iglesia de Inglaterra son similares a los de la Iglesia católica en muchos aspectos.

Época isabelina
(1558 - 1603)

Sumérjase en la intrigante historia de la **época isabelina**. Descubra treinta datos interesantes sobre **la cultura y los acontecimientos de este periodo**. Explore las obras de **uno de los escritores más influyentes de la historia: William Shakespeare**. Descubra **cómo el reinado de la reina Isabel I influyó en la sociedad**, la lengua y la ciencia inglesas.

226. **La era isabelina** fue una época en la **que la población de Inglaterra y Gales creció** de tres a cuatro millones de personas.

227. **La mayoría de la gente vivía en pequeñas aldeas formadas principalmente por casas de madera con tejados de paja.** Algunos incluso vivían en casas construidas en el suelo. Estas casas se conocían como casas de entramado de madera.

228. **La gente comía comidas muy sencillas** que consistían principalmente en pan mojado en salsas, huevos cocidos y verduras como zanahorias, cebollas o coles cocinadas sobre un hogar abierto dentro de su casa.

229. **No se utilizaban tenedores durante las comidas.** Se comía con cuchara o con los dedos. Los cuchillos se utilizaban para cortar los alimentos en trozos más pequeños.

230. **Los niños pequeños no iban a la escuela**, sino que sus padres o tutores les enseñaban en casa hasta alrededor de los siete años. **Los niños podían ir a la escuela**, pero la mayoría no lo hacía. **La mayoría de las niñas no recibían educación**, a menos que pertenecieran a familias adineradas que pudieran permitirse tener maestras en casa.

231. **No había alumbrado público**, por lo que la gente llevaba linternas de aceite cuando caminaba por la noche.

232. **Los baños existían en Inglaterra antes del reinado de Isabel**. Por un pequeño precio, la gente podía asearse y socializar. **En la época isabelina, muchas casas de baños cerraron** porque la gente empezó a creer que las infecciones y las enfermedades podían entrar en el cuerpo a través de la piel restregada.

233. **La gente creía firmemente en el poder de las hierbas, plantas y piedras como remedios para las enfermedades**. También se utilizaban sanguijuelas para tratar diversas enfermedades, como la viruela o la escarlatina. Se pensaba que las **sanguijuelas succionaban la «mala sangre»**, causa de estas enfermedades.

234. **Debido a las malas condiciones sanitarias y al hacinamiento en las ciudades, las enfermedades infecciosas se propagaron rápidamente por pueblos y aldeas**, dando lugar a brotes de peste conocidos como la **gran peste**. Miles de personas murieron en toda Inglaterra.

235. La misma enfermedad ya había afligido a Europa en el siglo XIV. Puede que ese nombre le suene más; se llamaba **la peste negra**.

236. **Las personas que practicaban cualquier religión distinta al anglicanismo eran a menudo castigadas porque Isabel quería mantener la unidad religiosa dentro de su reino.** Sus políticas religiosas se conocen colectivamente como el **Acuerdo religioso isabelino**.

237. **Sir Francis Drake se convirtió en uno de los primeros exploradores ingleses en circunnavegar el globo en 1580** a bordo de su barco llamado *Golden Hind* (ciervo hembra).

238. **Exploradores como Sir Walter Raleigh** realizaron expediciones para explorar nuevas tierras y trajeron de vuelta a Inglaterra plantas exóticas, animales, especias e incluso tabaco.

239. **La Marina Real fue creada por el padre de Isabel,** Enrique VIII, en 1546. En 1588, la armada, poco organizada, derrotó a la armada española, más numerosa. **España quería desembarcar tropas en Inglaterra y poner a un católico en el trono inglés.**

240. **El deporte más popular durante esta época era un juego llamado petanca**, que consistía en hacer rodar bolas de madera hacia una diana sobre hierba o tierra.

241. **La gente disfrutaba viendo representaciones teatrales**, que a menudo incluían acrobacias, malabares, trucos de lucha con espadas y peleas con toros y osos (en los que se utilizaban perros para atacar a toros y osos).

242. **El público de las obras de teatro solía ser bastante bullicioso, gritaban y hacían comentarios durante el espectáculo.** A menudo, el público cercano al escenario estaba de pie y estaba formado por gente común. La gente rica o importante se sentaba detrás o en balcones primitivos para ver el espectáculo.

243. **A las mujeres no se les permitía ser actrices,** pero a veces interpretaban los papeles de personajes masculinos en las obras llevando máscaras y disfraces. Los niños y los hombres jóvenes interpretaban papeles femeninos.

244. Durante esta época, **William Shakespeare** escribió algunas de sus obras más famosas, como *Romeo y Julieta* y *Hamlet*.

245. **Hacia el final del reinado de Isabel, Shakespeare y otros construyeron el famoso Globe Theatre,** donde se representaron muchas de las obras de Shakespeare. Hoy se puede visitar una réplica del teatro, erigida en 1997.

246. **La música era una parte importante de la vida en la Inglaterra isabelina. Los músicos tocaban instrumentos como laúdes y violines.** También cantaban juntos canciones populares.

247. Durante este periodo, **la moda isabelina se centraba en los colores brillantes,** los volantes y los adornos de encaje tanto para la ropa de los hombres como para la de las mujeres.

248. **Los hombres de clase alta a menudo lucían barbas extravagantes, mientras que las mujeres preferían llevar el pelo largo** rizado hacia arriba o trenzado hacia abajo, con cintas de colores y flores tejidas por todas partes.

249. La reina Isabel I mandó hacer docenas de pelucas de pelo humano o de crin de caballo para poder cambiar de estilo con frecuencia. Las pelucas también le permitieron ocultar sus canas cuando envejecía.

250. El famoso maquillaje blanco de Isabel era a base de plomo. Muchos historiadores creen que el envenenamiento por plomo fue un factor en la muerte de Isabel.

251. Se dice que Isabel tenía muy mal aliento. Inventó una pasta que se creía evitaba respirar «aire enfermo». Se suponía que olía bien, pero estaba hecha de azúcar y miel. **La pasta probablemente pudrió los dientes de la reina**, lo que empeoró su mal aliento.

252. En la primera parte del reinado de Isabel, era una pareja muy solicitada. Muchos reinos enviaron a sus príncipes a Inglaterra para conseguir su mano. Sabían que Inglaterra sería un poderoso aliado. **Isabel los rechazó a todos.**

253. La reina Isabel I nunca se casó, pero tuvo favoritos como Robert Dudley, al que se refería como «su dulce Robin». También estaba **Robert Devereux,** el conde de Essex, que finalmente se rebeló contra Isabel y fue ejecutado por traición.

254. Una de las citas más famosas de la reina Isabel I es: **«Sé que tengo el cuerpo de una mujer débil y endeble; pero tengo el corazón y el estómago de un león».**

255. Isabel murió sin tener hijos, lo que convirtió la cuestión de su sucesión en un asunto muy importante y crítico en su vida posterior. Nunca nombró sucesor, pero su ministro principal, Robert Cecil, negoció con **Jacobo VI de Escocia,** que tenía derecho al trono por ser primo de Isabel a través de Enrique VI. **Se convirtió en Jacobo I de Inglaterra en 1603.**

La era de los descubrimientos
(1487 - 1800)

Aunque Inglaterra empezó a explorar el mundo antes de **la época isabelina**, la **era de los descubrimientos no alcanzó su apogeo hasta el reinado de Isabel**. Pero no se preocupe; hemos incluido datos sobre **los primeros viajes de Inglaterra**, así como sobre lo que ocurrió durante su apogeo de exploración.

Estos viajes desempeñaron un papel crucial en **la expansión del conocimiento geográfico**, el establecimiento de colonias y la configuración del curso de la historia. **Desde la exploración de América del Norte por John Cabot hasta las expediciones del capitán James Cook en el Pacífico**, estos viajes impulsaron a Inglaterra a la vanguardia de la exploración, la colonización y el dominio marítimo.

256. **En 1497, el explorador italiano John Cabot zarpó en su primer viaje a Norteamérica, navegando bajo bandera inglesa.** Llegó a Terranova y se convirtió en el primer europeo registrado desde los vikingos en explorar la América del Norte continental.

257. **En 1564, el piloto inglés William Adams desembarcó en Japón** después de que el barco holandés que guiaba resultara dañado en una tormenta. Japón ya tenía relaciones con España y Portugal, pero **Adams se convirtió en el primer inglés en Japón**. Su historia se hizo famosa en la novela y miniserie de televisión Shogun.

258. **Sir Francis Drake emprendió su famoso viaje en 1577**. Se convirtió en el primer inglés en circunnavegar el globo y regresó a Inglaterra en 1580.

259. **En 1579, Drake desembarcó en la costa pacífica de Norteamérica y reclamó la zona para Inglaterra**, bautizándola como Nova Albion (Nueva Albión).

260. **En 1589, Drake se embarcó en lo que se conoce como la Expedición Drake-Norris,** cuyo objetivo era perturbar la navegación española y asaltar las colonias españolas en América. Esta expedición no tuvo éxito.

261. **Sir Walter Raleigh patrocinó la primera colonia inglesa en el Nuevo Mundo, conocida como Colonia de Roanoke**, en la actual Carolina del Norte, en 1585. Sin embargo, la colonia desapareció misteriosamente, dando lugar a la leyenda de **la «Colonia perdida».**

262. **En 1607, los ingleses establecieron la colonia de Jamestown en Virginia.** Jamestown se convirtió en el primer asentamiento inglés permanente con éxito en Norteamérica, **marcando el inicio de la colonización inglesa** en la región.

263. **En 1609, Henry Hudson, un explorador inglés que navegaba para los holandeses,** se embarcó en una exploración de la costa noreste de América del Norte, lo que resultó en **el descubrimiento del río Hudson** y la bahía de Hudson.

264. **En 1610, Hudson, que ahora navegaba bajo bandera inglesa, emprendió su último viaje en busca de un paso del Noroeste que la gente creía que conducía al océano Pacífico.** Aunque no encontró el paso, el viaje sentó las bases para la posterior exploración inglesa de la zona.

265. **En 1642, el explorador inglés Abel Tasman,** navegando para la Compañía Holandesa de las Indias Orientales, **descubrió Tasmania** y exploró partes de la actual **Australia, Nueva Zelanda** y otras **islas del Pacífico.**

266. **Los ingleses crearon la Hudson's Bay Company en 1670.** Esta compañía desempeñó un papel importante en la exploración y el comercio de pieles en la región ártica canadiense.

267. **En 1768, el capitán James Cook, un explorador inglés, se embarcó en su primer viaje en el HMS *Endeavour*.** Este viaje lo llevó **al Pacífico,** donde realizó importantes descubrimientos científicos y geográficos.

268. **En 1772, el capitán James Cook emprendió su segundo viaje a bordo del *Resolution*.** Esta expedición dio lugar al descubrimiento y cartografía de varias islas del Pacífico, entre ellas la Isla de Pascua.

269. **El capitán James Cook murió el 14 de febrero de 1779.** Murió en un violento encuentro **con nativos hawaianos durante su tercer viaje** de exploración en el Pacífico. Cook y su tripulación habían intentado resolver una situación tensa con la población local cuando estalló una pelea.

270. **En 1788, los ingleses establecieron el primer asentamiento europeo permanente en Australia** con la llegada de **la Primera flota a Port Jackson** (Sydney). Esto marcó el comienzo de la colonización y el desarrollo de **Australia como territorio británico.**

La guerra civil inglesa
(1642 - 1651)

Ahora exploraremos **la guerra civil inglesa**. Durante esta época, **los realistas** (quienes apoyaban a la monarquía) se enfrentaron a **los parlamentarios** (los que apoyaban al Parlamento). En la guerra civil participaron figuras importantes como **Oliver Cromwell y Carlos I. Learn,** que lucharon del lado de **los monárquicos** y del **Nuevo ejército modelo** de los parlamentarios.

Durante un tiempo, **Inglaterra no tuvo rey y se denominó Commonwealth**. Esta guerra impulsó importantes **cambios** políticos y **religiosos en Inglaterra, Escocia e Irlanda**, como la adopción de **la Declaración de Derechos inglesa** (similar a la estadounidense, pero más de cien años anterior) y el ascenso de **los puritanos**.

271. **La guerra civil inglesa duró de 1642 a 1651.** Fue un conflicto entre partidarios de **la monarquía (monárquicos)** y partidarios del **Parlamento (parlamentarios)**.

272. **El Parlamento era el poder legislativo de Inglaterra** (y de toda Gran Bretaña en la actualidad).

273. Había (y sigue habiendo) dos partes del Parlamento: **la Cámara de los comunes**, formada por cargos electos, y **la Cámara de los lores**, formada por hombres (y ahora mujeres) procedentes de la nobleza.

274. **La Cámara de los lores tenía mucho más poder que en la actualidad** y fue prohibida por los cabezas redondas durante un tiempo después de la guerra.

275. **Muchos parlamentarios estaban preocupados por el creciente movimiento del rey Carlos I** para revitalizar **la Iglesia católica en Inglaterra**.

276. **Oliver Cromwell, líder de los Parlamentarios, fue una figura clave en la guerra.** Dirigió Inglaterra durante un tiempo tras su finalización como *Lord Protector*.

277. **Los parlamentarios querían limitar los poderes del rey.** Creían que el Parlamento debía tener más poder.

278. **Muchos parlamentarios destacados eran puritanos.** Los puritanos eran una secta fundamentalista. **Creían que todo el mundo debía leer la** *Biblia*, pero también creían que los ancianos de sus iglesias estaban mejor preparados para interpretarla. **Muchos grupos puritanos llegaron a ser menos tolerantes** con otros sistemas de creencias protestantes.

279. **Tras la restauración de la monarquía, hubo una represión contra los puritanos.** Finalmente huyeron a Holanda y Norteamérica.

280. **Los realistas estaban liderados por el rey Carlos I,** que muchos creían que era anglicano sólo de nombre. **Carlos también estaba casado con una princesa católica de Francia.**

281. **Muchos protestantes temían que restaurara la influencia católica,** aunque la guerra se debió sobre todo a que **Carlos intentaba hacerse con más poder del que los parlamentarios** podían permitirle para sentirse cómodos.

282. **A los realistas se les llamaba comúnmente Cavaliers,** palabra que viene del francés y significa «caballería» o «caballo». **A los Parlamentarios se les llamaba cabezas redondas** debido a sus cortes de pelo en forma de cuenco.

283. **Los realistas contaban con el apoyo de la mayoría de los irlandeses,** ya que Irlanda seguía siendo una parte fuertemente católica de Gran Bretaña.

284. **Los escoceses apoyaron a ambos bandos del conflicto,** y un poderoso lord escocés, **Lord Leven,** cambió de bando, pasando de la Corona al Parlamento durante la guerra.

285. Los soldados galeses lucharon en ambos bandos, aunque ninguna batalla tuvo lugar en Gales.

286. **Muchos galeses eran católicos y apoyaban al rey,** pero muchos otros apoyaban al Parlamento, que los representaba.

287. **La guerra se libró en muchas partes de Inglaterra, Escocia e Irlanda.**

288. **La primera batalla de la guerra civil inglesa fue la batalla de Edgehill en 1642.**

289. **Oliver Cromwell fue uno de los principales generales de los cabezas redondas** y dirigió el Ejército del nuevo modelo.

290. **El Ejército del nuevo modelo** estaba formado por personas que eran militares profesionales en lugar de milicias, o reclutas, que se habían utilizado antes.

291. Muchos de los líderes del **Ejército del nuevo modelo eran nobles** con experiencia en combate que trajeron consigo ejércitos privados y los fusionaron con **el ejército más grande de los cabezas redondas.**

292. **Se decía que el rey Carlos I era bastante valiente**, pero no era un buen líder militar.

293. **Los cabezas redondas estaban mejor organizados y mejor equipados que los Cavaliers.**

294. **Los realistas tenían más dinero, pero los parlamentarios contaban con un mayor número de tropas.**

295. **Los parlamentarios derrotaron a los realistas en la importante batalla de Naseby en junio de 1645.** Esta batalla fue el punto de inflexión en **la guerra civil inglesa.**

296. Aproximadamente un mes después, **el Ejército del nuevo modelo destruyó la última fuerza de combate realista efectiva** en **la batalla de Langport.**

297. **Carlos fue juzgado en el Westminster Hall de Londres en enero de 1649.** Era la primera vez en la historia que un rey era juzgado por crímenes contra su pueblo.

298. **Los parlamentarios ejecutaron al rey Carlos I por alta traición en 1649**, aunque sus partidarios continuaron la guerra dos años más.

299. **Carlos fue el único rey inglés de la historia en ser ejecutado.**

300. **Al principio de la guerra, muchos nobles escoceses apoyaron al Parlamento** en lugar de a Carlos porque buscaban más poder para sí mismos. Sin embargo, cuando fue ejecutado, muchos se volvieron contra el Parlamento, pero todo acabó con la derrota de la causa realista en 1651.

301. **La guerra civil inglesa, junto con la posterior Revolución gloriosa,** puso fin a la monarquía absoluta en Inglaterra.

302. **Los éxitos militares de Oliver Cromwell lo convirtieron en una poderosa figura política en Inglaterra.**

303. **A pesar de ser parlamentario durante la guerra, Cromwell disolvió el Parlamento** en 1653 debido a las numerosas rencillas entre los parlamentarios. Gobernó Inglaterra como un dictador virtual desde 1653 hasta 1658, cuando falleció.

304. **Las luchas de poder entre las distintas facciones del Parlamento y un gobierno ineficaz tras la muerte de Cromwell en 1658 condujeron a negociaciones con la Casa de Estuardo** y a la restauración de la monarquía con la figura de **Carlos II,** hijo del rey ejecutado.

305. **Carlos II tuvo que prometer no restaurar el catolicismo** como religión nacional y seguir leyes que limitaban el poder de la monarquía.

306. **Carlos II llevaba más de diez años como rey de Escocia cuando retomó el trono inglés en 1660.**

307. **Tanto Carlos I como II eran miembros de la familia Estuardo,** un poderoso clan escocés que tenía vínculos con las familias reales tanto de Inglaterra como de Escocia.

308. Desde el inicio de **la Commonwealth** hasta **la Restauración** en 1660, **Gran Bretaña fue gobernada como una república.**

309. **Aunque la Commonwealth tenía muchos defectos,** como poner demasiado poder en manos del ejecutivo, este periodo fue la primera vez que Gran Bretaña estuvo gobernada por algo distinto a un monarca.

310. **Los cambios que se iniciaron tras la muerte de Carlos I** y durante la Commonwealth dieron lugar a **la Declaración de derechos inglesa en 1689.**

La Restauración
(1660 - 1688)

Tras la guerra civil inglesa, **se produjo la Restauración**. En este periodo volvió **la monarquía a Inglaterra**, aunque más limitada que antes. Veamos treinta datos interesantes sobre la cultura de Inglaterra durante esta época, incluidos **los descubrimientos científicos de Isaac Newton**.

311. **La Restauración fue un periodo de la historia británica comprendido entre 1660 y 1688.** El nombre del período proviene de que el **rey Carlos II** fue restaurado en el trono inglés tras el final de la guerra civil inglesa.

312. La edad de la razón comenzó durante este periodo. Muchos descubrimientos científicos con principios de lógica, evidencia y el nuevo **método científico** sustituyeron las conjeturas, la superstición y las creencias religiosas como base de la investigación científica.

313. Isaac Newton, Robert Boyle, Edmond Halley y muchos otros hicieron importantes contribuciones a los campos de la ciencia en esta época.

314. La Restauración fue una época de creciente tolerancia religiosa y libertad de expresión.

315. En esta época **surgieron los cafés, los teatros y los periódicos**.

316. Los primeros periódicos ingleses se publicaron durante este periodo.

317. La primera revista femenina, llamada **«The Ladies Mercury»**, se publicó en 1693.

318. En este periodo florecieron las artes, con obras de escritores como **John Dryden y William Congreve.**

319. **John Locke** fue uno de los escritores más destacados de la época. Aunque vivió antes del periodo que los historiadores denominan **Ilustración**, a menudo se le considera uno de los primeros escritores «ilustrados» por su llamamiento a la **libertad individual** y a los **ideales democráticos**.

320. **Cuando Carlos II** subió al trono, hizo desenterrar el cadáver de **Oliver Cromwell** y colgarlo para que todo el mundo lo viera. Cromwell había desempeñado un papel decisivo en la condena y ejecución del padre de **Carlos II, Carlos I**.

321. **El Banco de Inglaterra se creó** en 1694. Fue el primer intento real de centralizar el poder sobre la economía y proporcionar reglas unificadas sobre la moneda, el interés y más.

322. **La población de Inglaterra y Gales se duplicó durante este periodo.**

323. **El comercio de esclavos comenzó a expandirse durante la Restauración.**

324. **La Compañía de las Indias Orientales** se fundó en 1600 y comenzó a comerciar con la India. Durante la Restauración, amplió su alcance en la India.

325. **Las leyes de navegación se aprobaron** en 1651, 1660 y 1663. Estas leyes imponían restricciones comerciales a las colonias inglesas en América.

326. **Los Whigs y los Tories fueron dos partidos políticos** que se desarrollaron durante este periodo. En general, los **whigs** tendían a oponerse a la monarquía y los **tories** a apoyarla.

327. **La Restauración** dio su nombre a todo un género de drama y comedia, con estilos que empezaron a alejarse del lenguaje y estilo «más suelto» de **Shakespeare** hacia un estilo de escritura más formal y estructurado.

328. **La *Royal Society* se creó** en 1660 y se dedicó a promover la investigación científica.

329. **El Gran incendio de Londres** de 1666 destruyó gran parte de la ciudad.

330. **Carlos II** y sus amigos íntimos, que habían pasado temporadas en Francia durante el periodo de la Commonwealth, valoraban la ropa, la escritura y el teatro franceses. En la corte de Carlos II se popularizó un **estilo** más **«francés»,** mucho más formalizado que al que estaban acostumbrados los ingleses.

331. **En los años 1600 se crearon los primeros cuerpos de policía en Escocia e Inglaterra,** aunque eran muy diferentes a la policía que conocemos hoy en día.

332. Muchos críticos de **la corte de los Estuardo** la consideraban decadente, es decir, que el rey y sus seguidores disfrutaban demasiado del vino, las mujeres y las canciones. Estaban más preocupados por sus propios placeres que por gobernar el país.

333. **En 1685, Jacobo II subió al trono.** Era el hermano menor de Carlos II.

334. Al principio, **Jacobo contaba con el apoyo generalizado** de la población de Inglaterra, Irlanda y Escocia.

335. Con el paso del tiempo, la gente empezó a estar descontenta con su gobierno. **Jacobo II estaba interesado en devolver a la Iglesia católica** su antigua posición dentro de Inglaterra. El pueblo no quería que se le impusiera el catolicismo.

336. **Cuando su mujer dio a luz a un hijo, el pueblo temió que iniciara una dinastía católica.** Se rebelaron contra su gobierno.

337. **La Revolución gloriosa de 1688 supuso el derrocamiento del rey Jacobo II** y el establecimiento de una monarquía constitucional.

338. **La Revolución gloriosa** inspiró actos posteriores. Por ejemplo, **el Acta de tolerancia** de 1689 concedió libertad de culto a los **protestantes no conformistas**. Los no conformistas eran protestantes que tenían creencias diferentes a las de la predominante Iglesia de Inglaterra.

339. **El Acta de Unión de 1707** estableció el Reino Unido. **Esta acta «unió» Escocia e Inglaterra.** La reina Ana, hija de Jacobo II, estaba en el trono en ese momento.

340. **Irlanda había sido invadida por los ingleses** en el siglo XVI y pasaría a formar parte del **Reino Unido** en 1801.

La Revolución gloriosa
(1688 - 1689)

Y ahora tendremos los notables acontecimientos de **la Revolución gloriosa**, que tuvo lugar entre 1688 y 1689. He aquí treinta datos interesantes sobre este **periodo revolucionario**, incluidas sus **causas y consecuencias**. Descubriremos **cómo se limitó el poder de la monarquía** y cómo se estableció **una nación fuerte y unificada**. Además, aprenderemos cómo **la Revolución gloriosa** ayudó a difundir las ideas del gobierno limitado por toda Europa.

341. **La Revolución gloriosa** fue un acontecimiento pacífico en el que el **rey católico Jacobo II** de Inglaterra fue **sustituido por Guillermo III y María II**, que eran **gobernantes protestantes**.

342. **La Revolución gloriosa** también se conoce como **la Revolución sin sangre** porque no se produjeron combates entre ejércitos.

343. Aunque la mayoría de los relatos describen **la Revolución gloriosa** como **pacífica y con escaso derramamiento de sangre**, algunos historiadores sostienen que aun así hubo víctimas debido a disturbios o ataques por venganza. Se estima que **unas cinco mil personas murieron** en los meses previos a este acontecimiento.

344. **Inglaterra había experimentado una agitación religiosa bajo el reinado de Jacobo II, que intentó reinstaurar el catolicismo como religión oficial.** Su reinado terminó cuando huyó a Francia tras perder el apoyo de la mayoría de los nobles y clérigos.

345. **La reina María II era hija de Jaime II y de su primera esposa. También era sobrina de Carlos II.**

346. **Guillermo III era el marido de María.** Llegó **de Holanda para hacerse con el trono inglés** en 1688 con quince mil soldados a su lado.

347. Una figura importante durante **la Revolución gloriosa** fue **John Locke**. Escribió sobre **derechos naturales** como la vida, la libertad, la salud y la propiedad. Sus ideas influyeron en la elaboración de **la Carta de derechos** y también en **las revoluciones americanas**.

348. Otra figura importante durante **la Revolución gloriosa** fue **John Churchill**, más tarde conocido como **duque de Marlborough**. Churchill derrotó a las fuerzas leales a Jacobo II en **batallas como la de Sedgemoor y la de Dunkeld**, que contribuyeron **a asegurar la victoria de los protestantes en Inglaterra**. Más tarde derrotó a los ejércitos de **Luis XIV en Blenheim**. **John Churchill fue el tatarabuelo sexto de Winston Churchill.**

349. En este acontecimiento muchos **protestantes de diferentes orígenes se unieron** para apoyar la causa **contra el gobierno de Jacobo II**.

350. **La Revolución gloriosa** vio el surgimiento del **Partido Whig en Inglaterra**, que era un **partido político que apoyaba el protestantismo** y el poder limitado del gobierno.

351. **Después de que Jacobo II huyera** de Inglaterra, sus partidarios (conocidos como **jacobitas**) intentaron varias veces devolverle al trono. Sus esfuerzos fracasaron debido a la fuerte oposición de las fuerzas de **Guillermo III** y de la mayoría del **pueblo inglés**.

352. **Guillermo y María fueron coronados monarcas de Inglaterra e Irlanda** el 22 de enero de 1689. Se denomina Parlamento de **la convención**, porque se pidió a los parlamentarios que **votaran públicamente sí o no a los nuevos rey y reina**.

353. El 11 de abril de 1689, **el Parlamento de la convención** proclamó **también a Guillermo y María como rey y reina de Escocia**.

354. Aunque **María era reina junto a su marido**, tenía menos influencia política que él porque **las mujeres no eran vistas como iguales a los hombres** durante este período.

355. **La Revolución gloriosa** también ayudó a acabar con **la monarquía absoluta en Inglaterra,** ya que **Guillermo III y María II compartieron el poder con el Parlamento**. Esta es una de las razones por las que **la Gran Bretaña moderna tiene una monarquía constitucional** en lugar de una absoluta.

356. **Este acontecimiento marcó el fin del catolicismo** como religión oficial en Inglaterra y Escocia. Terminó con un acuerdo llamado **la Declaración de derechos de 1689,** que establecía más **libertad para los ciudadanos.**

357. **En 1689, Guillermo y María emitieron una declaración conjunta conocida como la Declaración de derechos**, que establecía que todos los ciudadanos debían tener ciertos derechos como la libertad de expresión o el juicio con jurado. Estas siguen siendo libertades fundamentales para las personas que viven hoy en Gran Bretaña.

358. **El Parlamento aprobó varias leyes que limitaban el poder real**, como la que prohibía al monarca suspender leyes o formar un ejército sin el consentimiento del Parlamento. **El monarca tampoco podía establecer impuestos sin la aprobación del Parlamento**. Estos límites al poder del gobierno siguen existiendo en la actualidad.

359. **La Revolución gloriosa preocupó a los gobernantes de toda Europa.** Temían que se produjeran revoluciones similares en sus países.

360. **Al principio, mucha gente temía que la supresión del poder real condujera a la anarquía,** pero, sorprendentemente, no causó mayores problemas. Por el contrario, hizo que Inglaterra fuera más estable que nunca.

361. **Después de la Revolución gloriosa, Guillermo III aumentó el poder naval inglés construyendo nuevos barcos** y creando una armada más fuerte, **lo que ayudó a Inglaterra en sus guerras contra Francia y España.**

362. **Guillermo alió a Inglaterra con Holanda** en un esfuerzo por limitar el ascenso del poder francés.

363. **El rey de Francia de 1643 a 1715 fue Luis XIV.** Fue quizás el mayor monarca absoluto de todos. Le preocupaba que las reformas en Inglaterra se hicieran populares en su país y **trabajó duro para desestabilizar a Inglaterra**. También creó un sistema de censura destinado a evitar que las «**ideas peligrosas**» (para él) se extendieran por su país.

364. **El Parlamento abolió algunos impuestos** sobre los bienes comerciales y concedió más libertades a los comerciantes, lo que provocó un crecimiento económico en toda Inglaterra.

365. **Después de la Revolución gloriosa, Guillermo III introdujo algunos cambios en la forma de recaudar los impuestos,** lo que permitió recaudar más dinero para el gobierno. Estas reformas ayudaron a que hubiera suficiente dinero disponible para el bienestar general en caso de que fuera necesario.

366. **Muchos historiadores sostienen que la Revolución gloriosa fue uno de los momentos más importantes de la historia** porque estableció **muchos derechos humanos básicos** como la tolerancia religiosa y la libertad en la ley. Estas ideas se extendieron por todo el mundo y siguen siendo importantes hoy en día.

367. **El periodo de la Revolución gloriosa vio cómo Inglaterra se convertía en un imperio mundial,** compitiendo con Francia por el dominio de Europa y el Nuevo Mundo.

368. **Las libertades que se desarrollaron en Gran Bretaña** durante esta época fueron en gran parte responsables de un nuevo movimiento político y social llamado **Ilustración**, que **inspiró a los revolucionarios americanos** y a muchos otros.

369. **Antes de convertirse en rey de Inglaterra, Guillermo era conocido como Guillermo de Orange.** Orange hace referencia a un territorio que su familia había controlado durante mucho tiempo.

370. **Debido a su popularidad en Holanda, el color naranja se convirtió en el color nacional de ese país.**

Siglo de las Luces
(1715 - 1790)

El Siglo de las Luces fue un periodo de crecimiento intelectual y cambio en Europa que se prolongó durante la mayor parte del **siglo XVIII**. En esta sección, leerá treinta hechos notables que revelan el desarrollo de **nuevas ideas y la invención de tecnologías**. También exploraremos cómo la gente empezó a considerarse a sí misma como **individuos con derechos y libertades**.

371. **El Siglo de las Luces** fue un periodo de la historia en el que la gente empezó a pensar más en **la ciencia, la filosofía y la libertad**.

372. **El Siglo de las Luces** comenzó alrededor de 1715 y terminó alrededor de 1790, cuando **comenzó la Revolución francesa**.

373. Durante esta época, algunos pensadores muy famosos **como Voltaire y Jean-Jacques Rosseau** escribieron libros que cambiaron la forma en que la gente pensaba sobre **el gobierno, la sociedad y la religión**.

374. Durante este periodo, **los escritores y filósofos británicos y franceses** afectaron enormemente estos países y sociedades.

375. En **Francia**, un grupo de hombres conocidos como los *Philosophes*, entre los que se encontraba **Jean-Jacques Rousseau**, escribieron libros populares sobre **política** y **filosofía** durante este periodo.

376. Las ideas de los pensadores **franceses y británicos de la Ilustración** tuvieron un profundo efecto en los **Padres fundadores estadounidenses** y desempeñaron un papel crucial en el inicio de **la Revolución estadounidense**.

377. Durante **el Siglo de las Luces** se realizaron muchos inventos importantes, como la tecnología de la máquina de vapor de **James Watt**, un inventor escocés. **La máquina de vapor revolucionó el transporte en Europa.**

378. **Isaac Newton, matemático inglés** que desarrolló el **cálculo**, fue el presidente de **la Royal Society** desde 1703 hasta su muerte en 1727. **La Royal Society** sigue existiendo hoy en día; ¡es la institución académica científica más antigua del mundo!

379. **La Constitución de los Estados Unidos** se basó en gran medida en las ideas debatidas durante **el Siglo de las luces,** incluida la nueva creencia de que los derechos naturales se tenían al nacer, independientemente de la clase o el estatus de un individuo en su contexto social.

380. **La gente empezó a cuestionar las ideas tradicionales sobre la religión durante el Siglo de las luces,** lo que dio lugar a **nuevos movimientos religiosos, como el deísmo.** El deísmo es la idea de que existe un poder superior que creó el universo, pero este poder no interfiere en los asuntos humanos y no se ve afectado por la creencia en una **religión organizada.**

381. **La idea de los derechos humanos fue popularizada por John Locke, que escribió** *Dos tratados de gobierno* **en 1690,** en el que defendía un gobierno basado en la protección de los **derechos individuales** en lugar de en el poder o el derecho divino, la creencia de que **Dios pone a los reyes en el trono** y les permite gobernar a su antojo.

382. **La gente también empezó a pensar de forma diferente sobre la educación** durante este periodo. Empezaron a creer que la **educación debía ser accesible para todos**, no sólo para los ricos.

383. **Los periódicos ganaron popularidad** debido al aumento de las tasas de alfabetización, lo que **permitió a la gente aprender más** sobre lo que estaba sucediendo en sus países.

384. **David Hume** fue un importante escritor **escocés de la Ilustración** que **creía que todo el conocimiento humano procedía de la experiencia**, no de las creencias religiosas ni de Dios.

385. **La esclavitud existió en las colonias británicas hasta 1833**. La esclavitud fue cuestionada por un grupo de personas llamadas abolicionistas, que utilizaron argumentos de los filósofos de la **Ilustración** para presentar **argumentos sólidos contra la esclavitud.**

386. **Las mujeres de Inglaterra y Francia** empezaron poco a poco a obtener más derechos. Esto se debió a mujeres influyentes y a sus obras, como la obra de **Mary Wollstonecraft** de 1792 *Una vindicación de los derechos de la mujer.*

387. **Los estilos musicales cambiaron.** Dos de los compositores más famosos de todos los tiempos, **Mozart y Beethoven, pertenecieron a esta época.**

388. **La Ilustración** y **el periodo revolucionario francés** que le siguió inmediatamente son **considerados** por la mayoría de los historiadores como el **inicio de la era moderna.**

389. **En esta época también se produjeron avances en medicina.** Por ejemplo, **el médico inglés Edward Jenner** inventó una **vacuna** contra la viruela.

390. **El químico inglés Joseph Priestley** descubrió el **oxígeno**, lo que cambió nuestra concepción del aire.

391. **Comienza una nueva era de exploración europea.** Exploradores como **James Cook** cartografiaron **nuevas tierras** y culturas hasta entonces desconocidas para los europeos.

392. **Muchos filósofos de la Ilustración escribieron libros en los que abogaban por la democracia**, argumentando que sería una forma de gobierno mejor que la monarquía o un gobierno sólo de las clases altas.

393. **Nuevas ideas sobre economía surgieron** de pensadores como **Adam Smith,** un economista escocés que escribió *La riqueza de las naciones*, que examinaba el **capitalismo de libre mercado.**

394. **En Francia e Inglaterra**, la gente de la clase alta o de la creciente clase media alta podía suscribirse para conseguir series de libros antes de que se imprimieran. El ejemplo más famoso es la inmensamente popular *Encyclopédie* del francés **Denis Diderot,** aunque muchos autores y revistas ingleses empezaron a ofrecer suscripciones.

395. **Los cafés eran lugares populares** para discutir nuevas ideas sobre política, sociedad y los acontecimientos del momento.

396. **Los cafés se hicieron tan populares que se promulgaron leyes para limitar el tiempo de permanencia en ellos.**

397. **En esta época se abrieron los primeros parques públicos y zoológicos,** lo que permitió el acceso a la naturaleza a más personas que nunca.

398. **El filósofo italiano Cesare Beccaria** escribió sobre la **reforma del sistema de justicia penal en Europa**. En Inglaterra todavía se torturaba y las cárceles eran horribles mazmorras.

399. **En esta época aumentó la urbanización.** Fábricas, canales y otros proyectos de infraestructuras hicieron que las ciudades se extendieran y que más gente se trasladara a ellas.

400. Por último, muchos gobiernos europeos, sobre todo de **Europa occidental y septentrional, empezaron a conceder a sus ciudadanos mayores libertades**, como la libertad de expresión o la libertad de prensa, que antes estaban restringidas.

La Revolución estadounidense
(1765 - 1783)

En esta sección, descubrirá treinta hechos importantes sobre **la Revolución estadounidense desde el punto de vista británico**. Aprenderá lo que pensaban los británicos de **los colonos rebeldes** y los derechos que el **rey Jorge III** y su gobierno creían tener en las **colonias americanas**. También aprenderá sobre el poderío de las **fuerzas armadas británicas** y por qué el exceso de confianza fue una de las razones por las que **los británicos fueron derrotados en la guerra**.

401. Los británicos consideraron inicialmente el conflicto con las colonias americanas como un disturbio menor y no como una rebelión a gran escala.

402. El gobierno británico creía que tenía derecho a gravar impuestos en las colonias americanas para ayudar a pagar el costo de su defensa durante **la guerra francesa e india** (1754-1763).

403. El rey Jorge III y muchos funcionarios británicos vieron **la Revolución estadounidense** como una traición por parte de los colonos, que eran considerados súbditos británicos.

404. El ejército británico, con sus tropas altamente entrenadas y experimentadas, tuvo inicialmente la ventaja en las primeras batallas de **la Revolución estadounidense**.

405. Los soldados británicos, llamados **casacas rojas** (o «Lobsterbacks» por los rebeldes de Nueva Inglaterra), estaban a menudo mejor equipados y eran más disciplinados que **sus homólogos estadounidenses**.

406. La estrategia británica se centró en capturar las principales ciudades y derrotar al Ejército Continental para obligar a los estadounidenses a someterse.

407. Muchos oficiales y soldados británicos consideraban a los rebeldes estadounidenses indisciplinados y carentes de una formación militar adecuada. Sin embargo, muchos estadounidenses tuvieron que cazar para mantenerse con vida y, en general, eran mucho mejores tiradores que los reclutas británicos.

408. **La mayoría de los estadounidenses vivían en el campo** en esa época y estaban familiarizados con la vida en la naturaleza, mientras que muchos soldados británicos no.

409. **Los británicos contrataron mercenarios alemanes,** conocidos como **Hessians**, para reforzarse durante la guerra.

410. La mayoría de las tropas derrotadas por **George Washington** y sus hombres en la famosa **batalla de Trenton** (1776) **eran hessianos, no británicos.**

411. **El ejército británico** se enfrentó a importantes dificultades para transportar tropas y suministros **a través del océano Atlántico.** Para cuando se reunieron en Inglaterra los hombres, barcos y suministros para transportarlos después a través del mar, la situación a la que se enfrentaban era diferente del mensaje que habían recibido de **los oficiales británicos pidiendo ayuda en América.**

412. **El gobierno británico tuvo dificultades para comunicarse y coordinar eficazmente con sus comandantes en América** debido a la larga distancia y a la lentitud de los métodos de comunicación.

413. **La armada británica, la más poderosa del mundo en ese momento**, mantuvo el control de importantes zonas costeras y vías fluviales durante la mayor parte de la guerra.

414. **El general William Howe,** primer comandante en jefe británico, creía en un enfoque más conciliador hacia los colonos y fue criticado por no ser lo suficientemente agresivo. **Dimitió en 1778, diciendo que la razón era la falta de apoyo en casa.**

415. Los británicos subestimaron la resolución y determinación de los rebeldes americanos, que luchaban por su independencia.

416. El ejército británico tuvo dificultades logísticas para abastecer a sus tropas, especialmente durante los duros meses de invierno.

417. Los generales británicos tuvieron que enfrentarse a menudo a órdenes contradictorias del gobierno británico y a desacuerdos entre sus propios oficiales.

418. Los británicos esperaban obtener el apoyo de los leales (colonos que permanecieron leales a Gran Bretaña), pero este apoyo no fue tan generalizado como habían previsto.

419. La Revolución estadounidense puso de manifiesto las divisiones en el seno del gobierno británico, ya que algunos oficiales abogaban por un enfoque más conciliador mientras que otros presionaban a favor de una respuesta militar dura.

420. Los británicos tuvieron dificultades para reclutar suficientes tropas para luchar en la guerra. Tuvieron que recurrir a mercenarios contratados y a leales coloniales.

421. El gobierno británico tuvo problemas para financiar la costosa guerra, lo que le llevó a aumentar los impuestos y los préstamos.

422. El ejército británico empleó tácticas de tierra quemada y confiscó propiedades para debilitar la base de apoyo de los rebeldes. La táctica de tierra quemada consiste en quemar cosechas, casas, granjas y negocios para debilitar al enemigo.

423. Muchos realistas americanos huyeron a Canadá durante la guerra y después de ella. Algunos historiadores llamaron a **la Revolución estadounidense una guerra civil** porque hubo mucha lucha entre rebeldes y realistas durante el conflicto.

424. El uso por parte de los rebeldes americanos de tácticas de guerra de guerrillas, como los ataques sorpresa, perturbó las operaciones británicas y minó su moral.

425. Los británicos intentaron implementar un bloqueo de los puertos americanos para restringir el comercio y debilitar la economía colonial.

426. La batalla de Saratoga en 1777 fue un importante punto de inflexión en la guerra, ya que los británicos sufrieron una derrota significativa.

427. Francia, enemiga de Gran Bretaña en Europa, vio que los estadounidenses podían ganar la guerra y comenzó a enviar grandes cantidades de ayuda.

428. La opinión pública británica estaba cada vez más cansada de la costosa y prolongada guerra, lo que finalmente influyó en la decisión del gobierno de buscar una paz negociada con Estados Unidos.

429. El Tratado de París de 1783 puso fin a la Revolución estadounidense a favor de los colonos.

430. Gran Bretaña reconoció la independencia de Estados Unidos y, con el tiempo, las relaciones entre ambos se repararon. Hoy en día, mantienen una relación fuerte y sana.

Las guerras napoleónicas

De 1789 a 1815, **Gran Bretaña se vio envuelta en una gran lucha contra Francia.** En 1789, el pueblo francés, sometido durante siglos al dominio absoluto de los reyes franceses y la aristocracia, se sublevó. **La Revolución francesa conmocionó a toda Europa, especialmente a Inglaterra,** que se encontraba a sólo unos kilómetros de Francia, al otro lado del canal de la Mancha. Tras años de caos y violencia en Francia, **el general Napoleón Bonaparte tomó el poder y conquistó la mayor parte de Europa.** Aunque Napoleón tenía muchos enemigos, **su archienemigo era Inglaterra.**
Veamos veinte hechos apasionantes sobre **las guerras napoleónicas.**

431. **La Revolución francesa** comenzó en el verano de **1789. El pueblo francés decidió luchar por los derechos que le habían sido negados durante siglos,** como la libertad de expresión, la libertad de prensa y la libertad religiosa.

432. Aunque **Inglaterra** había experimentado muchos cambios similares a lo largo de los años, la aristocracia y **el rey seguían detentando la mayor parte del poder**. Se vieron amenazados por las ideas de **la Revolución francesa.**

433. **Los revolucionarios franceses** extendieron las **ideas de la revolución** a otros países, incluida Inglaterra.

434. De 1792 a 1797, **Inglaterra formó parte de la Primera Coalición**, que incluía a otros países europeos que pretendían derrotar a la Francia revolucionaria.

435. De 1798 a 1802, **Inglaterra formó parte de otra alianza llamada la Segunda coalición,** que intentó derrotar a una Francia más exitosa y a su nuevo héroe militar, **el general Napoleón Bonaparte.**

436. **Bonaparte saltó a la fama en Francia por su derrota frente a los británicos** en el puerto mediterráneo francés de Tolón en 1793 durante la guerra de la primera coalición.

437. Entre 1793 y 1804, Napoleón siguió ganando poder y apoyo. En 1800, ya tenía el poder en Francia. En 1804, **fue proclamado emperador de los franceses.**

438. Como Gran Bretaña no aceptaba las condiciones de paz de Napoleón, éste inició lo que se conoce como el bloqueo continental. Francia y sus países conquistados no podían comerciar con Gran Bretaña.

439. El bloqueo continental acabó siendo contraproducente para Napoleón porque Inglaterra comerciaba con muchas otras partes del mundo.

440. La *Royal Navy* era lo suficientemente poderosa como para garantizar que Francia no pudiera comerciar con otros países.

441. Una de las mayores victorias de Inglaterra se produjo durante la batalla de Trafalgar. El almirante Nelson, inglés que murió en la batalla, dirigió la flota nacional británica contra la armada francesa. Los franceses fueron ampliamente derrotados.

442. Napoleón juró conquistar Inglaterra. Reunió una fuerza de invasión de hombres, barcos, lanchas de desembarco e incluso globos aerostáticos en el lado francés del canal de la Mancha.

443. Sin embargo, otros acontecimientos y el dinero que costaba reunir y abastecer a la fuerza de invasión mientras se esperaba el momento oportuno **hicieron que Napoleón desistiera de la idea de invadir Inglaterra.**

444. Los británicos tenían muchos menos hombres en su ejército que los franceses, por lo que estaban limitados en lo que podían hacer contra Napoleón en Europa. Los británicos se aliaron con otras naciones y eligieron cuidadosamente sus batallas.

445. En 1808, Napoleón invadió España, lo que dio lugar a una larga y violenta guerra de guerrillas. **Inglaterra se alió con Portugal,** vecino de España, y desembarcó allí tropas para luchar contra los franceses en España. **España expulsó a Napoleón en 1814 con la ayuda de Inglaterra.**

446. En 1812, Napoleón invadió Rusia, pero **finalmente fue derrotado por Rusia** y los demás países de Europa central que habían sido conquistados previamente por Napoleón. En junio de 1815, **los ejércitos de Napoleón fueron derrotados y renunció al trono.**

447. Fue exiliado en la pequeña isla de Elba, en el Mediterráneo, bajo guardia británica.

448. En febrero de 1815, Napoleón escapa de Elba, desembarca en Francia y reúne otro ejército. Vuelve a tomar el poder en Francia **y se lanza a la guerra contra la Tercera Coalición.**

449. En Waterloo (Bélgica), Napoleón es derrotado por última vez.

450. Las tropas británicas desempeñaron un papel fundamental en la derrota final de Napoleón en Waterloo.

La Revolución Industrial
(1760 - 1850)

La Revolución Industrial fue una época de **grandes cambios y avances tecnológicos para Gran Bretaña**. He aquí cuarenta datos interesantes sobre aquella época, aunque hay mucho más que aprender sobre este increíble momento. **Exploraremos la invención de nuevos métodos de transporte y comunicación**, cómo se desarrolló el sistema fabril y los efectos positivos del ferrocarril. Las repercusiones de **la Revolución Industrial** aún se pueden sentir en todo el mundo, ¡así que indaguemos para averiguar por qué!

451. **La Revolución Industrial** fue un periodo de tiempo entre **1760 y 1850**, durante el cual **se desarrollaron nuevas máquinas y tecnologías** para ayudar a que la producción fuera más rápida y eficiente.

452. **La Revolución Industrial supuso un enorme cambio en la forma en que la gente vivía,** trabajaba, comía, viajaba, vestía, pensaba y se comunicaba entre sí.

453. **También cambió el lugar donde vivía la gente**. Muchos se trasladaron de las zonas rurales a las ciudades en busca de trabajo en las fábricas o de mejores oportunidades. **Las ciudades se llenaron de gente.** La gente vivía muy junta en casas pequeñas sin servicios modernos como agua corriente o electricidad.

454. **El movimiento de cercamiento provocó un cambio en la propiedad de la tierra, que pasó de los pequeños agricultores a los grandes terratenientes,** lo que permitió aumentar la producción de bienes en las granjas utilizando nuevas tecnologías. Muchos pequeños agricultores se vieron obligados a trasladarse a las ciudades para ganarse la vida.

455. **Inventos como la cosechadora** permitieron a los agricultores recoger las cosechas mucho más rápido que antes. El mayor rendimiento de las cosechas significó precios más bajos para los consumidores de toda Europa.

456. La mejora de las técnicas agrícolas ayudó a aumentar el rendimiento de los campos de los agricultores durante este periodo, lo que condujo a una mayor seguridad alimentaria en toda Europa.

457. Inventores como Joseph Priestley, Humphry Davy, Michael Faraday y Charles Babbage desarrollaron nuevas tecnologías que impulsaron el crecimiento industrial durante este periodo.

458. Durante este periodo, inventos **como la máquina de vapor ayudaron a potenciar las fábricas.** Por primera vez en la historia, las fábricas produjeron productos como tela y acero a escala industrial.

459. Las nuevas tecnologías permitieron a las fábricas, especialmente a las situadas cerca de ríos o canales, **aumentar la producción de bienes.**

460. En 1764, James Watt, un inventor escocés, mejoró la máquina de vapor. Podía producir más energía que los modelos anteriores, lo que permitió una producción más eficiente de bienes como textiles y productos de hierro.

461. Inventores como James Watt desarrollaron máquinas que podían aprovechar las fuentes de energía de nuevas formas. Por desgracia, **las máquinas de vapor consumían mucho carbón.** A finales del siglo XIX, la contaminación afectaba a la salud de las personas, los animales, los árboles y el agua. También **creó un cielo gris casi permanente sobre muchas ciudades británicas.**

462. Un tipo de **unidad de potencia se denomina vatio,** como en una bombilla de 60 vatios. Watt descubrió muchas cosas que hoy damos por sentadas.

463. La minería del carbón se transformó gracias a inventos como los puntales hidráulicos, que sostenían túneles bajo tierra, y la máquina de vapor, que permitía minas más profundas y eficientes.

464. Inventos como la desmotadora de algodón aumentaron la producción textil al permitir que se produjeran mayores cantidades en fábricas, en lugar de ser elaboradas a mano por los trabajadores en sus hogares. **Esto tuvo un gran impacto en las tasas de empleo y en los precios de los bienes.**

465. **La hiladora jenny fue inventada en 1764 por James Hargreaves,** un tejedor inglés. La hilandera podía hilar simultáneamente ocho hilos en lugar de sólo uno, lo que hacía mucho más rápida la producción de tela.

466. **La invención del telar mecánico en 1785 contribuyó a reducir el costo y el tiempo de producción de la tela,** lo que hizo que la ropa fuera más barata en las tiendas de Gran Bretaña y otros países. Los **telares mecánicos** eran máquinas automatizadas que podían tejer más rápido que los humanos.

467. **La invención del telar Jacquard en 1801 hizo posible la producción de tejidos** con patrones intrincados mediante el uso de tarjetas perforadas. Esto supuso un gran avance con respecto a los anteriores métodos de **tejido a mano.**

468. **La invención de piezas intercambiables hizo posible la producción en serie ya en 1798.** Estos componentes podían ensamblarse en un producto sin tener que fabricarse a medida cada vez que se utilizaban.

469. **La invención de máquinas-herramienta como los tornos** hizo posible la ingeniería de precisión, lo que permitió mejorar la exactitud a la hora de fabricar piezas o productos.

470. **Los nuevos métodos de producción permitieron una mayor producción de herramientas** y bienes de consumo, así como de armas para el ejército y la armada.

471. **Las mejoras en los procesos de fabricación, como la producción en masa, permitieron bajar los precios de artículos** como muebles o ropa, dando a los consumidores acceso a bienes que antes eran demasiado caros.

472. **Las primeras fábricas solían estar organizadas por sexos: las mujeres realizaban determinadas tareas, como hilar algodón,** mientras **que los hombres manejaban maquinaria pesada.**

473. **En esta época se produjeron muchos cambios en el lugar de trabajo,** y los trabajadores empezaron a exigir mejores condiciones laborales y jornadas más cortas. Sin embargo, los propietarios se opusieron a muchas de las ideas de los trabajadores.

474. **Las Leyes de Fábricas de 1802 y 1833** limitaron el **número de horas que podían trabajar en las fábricas los niños menores de nueve años.** Antes no había restricciones.

475. **Con el tiempo, los propietarios construyeron elementos como barandillas** alrededor de la maquinaria para mantener a los trabajadores seguros mientras trabajaban. **Poco a poco, los mineros empezaron a utilizar cascos metálicos para protegerse** de la caída de rocas y otros peligros.

476. **Muchas personas se lesionaban en las nuevas fábricas**, pero no había seguro de desempleo ni médico. Muchas personas se vieron reducidas a la mendicidad y a la delincuencia para sobrevivir.

477. **En Inglaterra, la tasa de asesinatos aumentó debido** a las condiciones de **hacinamiento** y a que **muchos delitos se castigaban con la muerte.** Al ser así, muchos criminales mataban a los testigos de sus crímenes.

478. **Durante la Revolución Industrial se produjeron mejoras graduales en el saneamiento,** lo que ayudó a reducir las tasas de enfermedad. Cosas como los **sistemas públicos de agua**, las alcantarillas y mejores métodos de eliminación de residuos se desarrollaron durante este período.

479. **El alumbrado de gas se inventó en 1792.** Con el paso de los años, se generalizó, permitiendo a la gente trabajar o viajar por la noche sin tener que depender de velas o lámparas de aceite.

480. **El desarrollo de relojes más precisos** permitió a la gente controlar sus horas de trabajo, lo que era importante a la hora de calcular los salarios, ya que muchos trabajos se pagaban por horas.

481. **La mejora de los sistemas bancarios**, como los nuevos planes de inversión, animaron a los empresarios a buscar muchas **nuevas oportunidades de negocio** durante este periodo.

482. **En 1807, Robert Fulton, un ingeniero estadounidense, inventó el primer barco de vapor con éxito comercial,** lo que permitió transportar rápidamente grandes cantidades de mercancías río arriba y río abajo.

483. **El desarrollo de los canales permitió un transporte más eficiente de las materias primas** desde las minas o los puertos directamente a las ciudades, donde las fábricas podían utilizarlas. Estas vías fluviales también proporcionaron empleo a muchas personas que trabajaron en su construcción o las navegaron.

484. **El primer viaje transatlántico totalmente propulsado a vapor lo realizó el buque canadiense SS Royal William en 1833.**

485. Los barcos que dependían de las velas solían detenerse o ralentizar su marcha cuando el viento era escaso o nulo. **El barco de vapor** eliminó este problema e **hizo que los viajes por mar fueran más rápidos y fiables.**

486. **La primera locomotora de vapor que tuvo éxito fue construida por George Stephenson, un ingeniero inglés, en 1814. La locomotora revolucionó el transporte** de mercancías y personas a través de mayores distancias con mayor rapidez.

487. **La construcción de ferrocarriles por toda Europa permitió que mercancías y personas recorrieran largas distancias de forma rápida y barata.** Los ferrocarriles ayudaron a difundir ideas de un lugar a otro, dando lugar a mayores innovaciones en otros campos, como **la medicina, la ingeniería y la arquitectura**.

488. **La invención del telégrafo** permitió que la información viajara rápidamente a través de largas distancias. **El telégrafo se utilizó comercialmente** en 1845.

489. **La mejora de las redes de comunicación, incluidos los sistemas postales y el telégrafo,** permitió que personas de diferentes partes de un país o incluso de diferentes países se comunicaran entre sí de formas nunca vistas.

490. **La Revolución Industrial,** que no se produjo fuera de Europa y Norteamérica hasta mucho más tarde, marcó el inicio de un periodo de **supremacía económica y militar de Occidente en todo el mundo.**

La esclavitud y su abolición
(1807 - 1838)

La abolición de la trata de esclavos tuvo un gran impacto en la vida de los británicos y de los esclavos. Veremos **cuarenta datos interesantes sobre la esclavitud en Gran Bretaña y sus colonias,** incluidas las personas que hicieron campaña por la abolición y el legado de la trata de esclavos en la actualidad.

491. **En la trata de esclavos, los barcos ingleses viajaban a África Occidental** con mercancías como armas y ropa, que intercambiaban por africanos. **Estos africanos se convirtieron en esclavos.**

492. **Los africanos eran embarcados y vendidos en Europa, América o India. En aquella época, los esclavos costaban entre 20 y 30 libras** por persona, lo que equivale a cientos o incluso miles de dólares en la actualidad.

493. **En 2007, un grupo de científicos de la Universidad de Liverpool identificó restos humanos encontrados a bordo de barcos que se utilizaban para transportar africanos esclavizados** a través del océano Atlántico. Esta investigación ayudó a descubrir pruebas sobre cómo debió ser la vida de quienes fueron arrancados de sus hogares hace tanto tiempo.

494. **En 1772, un tribunal de Inglaterra dictaminó que la esclavitud no era legal,** pero esta decisión no detuvo el comercio de esclavos.

495. **En 1807, el gobierno británico promulgó una ley que declaraba ilegal la compra o venta de personas esclavas en Gran Bretaña y sus colonias.** La nueva ley se denominó Ley de Abolición del Comercio de Esclavos. Acabó con el comercio de esclavos, pero no con la esclavitud en sí.

496. **Antes de 1807, alrededor de un millón de africanos esclavizados vivían en las colonias británicas de todo el mundo. Olaudah Equiano** había sido esclavo y escribió sobre sus experiencias. Ayudó a persuadir a muchas personas para que apoyaran la **abolición.**

497. Ignatius Sancho fue un hombre esclavizado en Inglaterra. Escapó y encontró refugio en casa de un noble poderoso que lo educó. Con el tiempo, **Sancho se convirtió en comerciante, abolicionista, escritor y compositor de renombre**. Murió antes de la abolición del comercio de esclavos, pero su vida y sus escritos tuvieron un profundo efecto en las actitudes de Inglaterra.

498. Muchos valientes activistas trabajaron duro para conseguir la abolición de la trata de esclavos, entre ellos **Thomas Clarkson** y **Granville Sharp. Crearon la Sociedad para la abolición de la trata de esclavos.**

499. Muchas campañas contra la trata de esclavos fueron realizadas por iglesias, como los cuáqueros, metodistas y **bautistas**, cuyos miembros colaboraron activamente con panfletos, peticiones y protestas.

500. Las mujeres también desempeñaron un papel importante en el movimiento antiesclavista, como Mary Prince, Elizabeth Heyrick y Anne Knight. Estas mujeres escribieron panfletos o pronunciaron discursos animando a la gente a dejar de comprar cosas fabricadas con mano de obra esclava.

501. Algunos activistas recurrieron al boicot para impedir que las empresas utilizaran productos fabricados con mano de obra esclava. Dejaron de comprar azúcar, tabaco u otros artículos fabricados con mano de obra esclava en un proceso conocido como **«persuasión moral».**

502. Durante su campaña contra la esclavitud, los abolicionistas adoptaron imágenes vívidas, como ataúdes y dogales, en sus publicaciones y manifestaciones para ayudar a llamar la atención sobre la crueldad que soportaban los esclavos desde el momento en que eran capturados.

503. William Wilberforce, un destacado diputado abolicionista, y otros hicieron campaña durante diez años. Pensaban que la ley era el primer paso hacia la abolición de la esclavitud.

504. Aunque la **Ley de Abolición del Comercio de Esclavos** fue aprobada, todavía había miles de esclavos viviendo en las colonias británicas después de 1807.

505. Entre 1796 y 1806, antes del fin de la trata de esclavos británica, se calcula que unos 400.000 esclavos fueron llevados cautivos a trabajar a las Indias Occidentales.

506. Un marinero británico de un barco comisionado a capturar traficantes de esclavos escribió: **«Estaban en las condiciones más espantosas en que podrían estar los seres humanos... Nunca creí que algo pudiera ser tan horrible... Algunos de ellos eran meros esqueletos andantes».**

507. La ley de trata de esclavos también establecía que cualquier barco que transportara africanos esclavizados después de esa fecha sería confiscado por el gobierno británico. Sus tripulaciones serían arrestadas.

508. La Marina Real Británica formó la Escuadra de África Occidental para interceptar los barcos negreros procedentes de regiones de las que partían con frecuencia. También formaron otras escuadras que patrullaban otras partes del Atlántico.

509. La Marina Real detuvo a más de 1.600 barcos que transportaban a unos 150.000 africanos esclavizados.

510. Muchas de las personas liberadas

de los barcos negreros no tenían adónde ir. Muchas zonas de África no tenían fronteras oficialmente reconocidas en aquella época, y la mayoría de la gente no sabía de dónde venía más que de forma muy general. **Muchas personas se quedaron en asentamientos de esclavos liberados en las Antillas** o formaron comunidades por su cuenta.

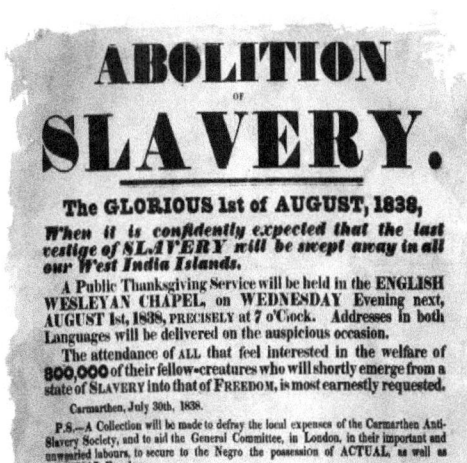

511. Después de que Gran Bretaña aboliera el comercio de esclavos, algunos territorios africanos empezaron a formar sus propias sociedades antiesclavistas, e hicieron campañas contra la esclavitud por parte de los países europeos.

512. Hasta 1833 hubo otra ley, la Ley de Abolición de la Esclavitud, declaraba finalmente ilegal que cualquier persona o empresa poseyera esclavos en las colonias británicas. Esta ley liberó a todas las personas esclavizadas en el Imperio británico, con la excepción de algunas de sus colonias.

67

513. **El número de esclavos liberados en el Reino Unido y sus territorios osciló entre 800.000 y un millón de personas.**

514. **Se tardó mucho tiempo en liberar a todos los africanos esclavizados que vivían en las colonias británicas.** Incluso después de 1833, muchos esclavos fueron llamados simplemente «aprendices» y se les dio un pequeño salario para eludir la ley.

515. **Algunas personas no creían que la esclavitud fuera mala y conservaron esclavos aunque fuera ilegal.** A estas personas se les llamaba «comerciantes ilegales» y podían ser encarceladas si eran descubiertas.

516. **Esta ley también establecía compensaciones para quienes perdían dinero cuando tenían que liberar a sus esclavos.**

517. **Gran Bretaña pagó más de veinte millones de libras a los antiguos propietarios de esclavos**, lo que suponía alrededor del 40 por ciento del presupuesto británico.

518. **Algunos antiguos propietarios de plantaciones convirtieron sus tierras en fábricas de refinado de azúcar utilizando nuevas tecnologías**, y otros antiguos comerciantes de esclavos probaron nuevas formas de ganar dinero, como invertir en fábricas de algodón o crear empresas comerciales de productos procedentes de África, como el aceite de palma.

519. **Algunas plantaciones azucareras sustituyeron a los africanos esclavizados por trabajadores contratados en India o China.** Estos trabajadores firmaban contratos de cinco a siete años de duración. Casi todos cobraban menos de la mitad de lo que ganaban los trabajadores libres.

520. **Los criados en régimen de servidumbre procedían de todo el Imperio británico, incluida Irlanda**

521. **En los siglos XVIII y XIX, muchos prisioneros británicos fueron enviados a los campos de caña de azúcar del Caribe**, donde muchos perecieron a causa del clima, las enfermedades y los malos tratos.

522. **Aunque el Reino Unido fue uno de los primeros países en prohibir la esclavitud, Dinamarca y Noruega prohibieron el comercio de esclavos en 1803.**

523. **Incluso después de 1833, muchos países del mundo seguían permitiendo la esclavitud, como Francia, que la abolió en 1848. Estados Unidos no la abolió hasta 1865.**

524. **Muchos africanos acogieron con satisfacción la decisión de Gran Bretaña de abolir la esclavitud.** Lo veían como una oportunidad para la libertad y la autodeterminación.

525. **Hoy en día, monumentos y museos en Gran Bretaña y en otros países del mundo están dedicados a recordar a los afectados por la esclavitud** y a celebrar la abolición de esta práctica. Un ejemplo de esto es **el Museo Internacional de la Esclavitud en Liverpool,** Inglaterra, una ciudad portuaria y que era centro de la trata de esclavos antes de la abolición.

526. **En 1833, hubo una gran marcha de celebración en las calles de Londres** cuando se difundió la noticia de que la esclavitud había sido abolida en Gran Bretaña y sus colonias. Miles de personas se reunieron para este evento, conocido como el Desfile de la Abolición.

527. **En 2007, Gran Bretaña celebró los doscientos años de la abolición** con diversos actos en todo el país como exposiciones especiales en museos, obras de teatro y conciertos con el fin de generar conciencia sobre este importante momento de la historia.

528. **Aunque la esclavitud fue abolida en el Reino Unido en 1833, los británicos de origen africano enfrentaron discriminación y prejuicios**, que siguen siendo un problema en gran parte del Reino Unido.

529. **Todavía había leyes discriminatorias en Gran Bretaña** a mediados del siglo XX. Incluso después de que se aprobaran las leyes de abolición, muchos ingleses negros fueron discriminados en temas laborales y de vivienda.

530. **En tiempos más recientes, los primeros ministros británicos y gobernantes han pedido disculpas por la época de la esclavitud.**

Leyes de reforma
(1832 - 1867)

Las leyes de reforma fueron una serie de leyes aprobadas en Gran Bretaña con el objetivo de conseguir un gobierno más igualitario y representativo para el pueblo. A continuación, treinta hechos sobre **cómo las leyes de reforma afectaron a la nación**, incluyendo los cambios en el voto y la representación parlamentaria.

531. **La gente había protestado por una reforma desde la década de 1640,** pero no fue hasta la década de 1830 que el gobierno empezó a escuchar.

532. **Este periodo, de 1832 a 1867, se conoce como la era de las reformas porque** se aprobaron muchas leyes para mejorar el funcionamiento del gobierno y el sistema de voto.

533. **La Ley de Reforma de 1832 fue la primera en Gran Bretaña que permitió a pequeños propietarios votar por sus representantes en el Parlamento.**

534. **Antes de esta Ley de Reforma, solo el 2 por ciento de los ciudadanos británicos podía votar.** En su mayoría eran ricos terratenientes.

535. Antes de esta Ley de Reforma, **el sistema político británico se basaba en gran medida en un clientelismo** en el que los diputados eran elegidos por ricos terratenientes que poseían la mayor parte del poder.

536. **La mayor parte del poder era de la aristocracia,** pero a medida que avanzaba la Revolución Industrial, una nueva clase media, más numerosa y rica, empezó a ganar poder e influencia.

537. **La Ley de Reforma de 1832 habilitó a un nuevo grupo de votantes conocidos como «propietarios de cuarenta chelines»,** que podían votar si pagaban más de cuarenta chelines de renta o impuestos al año.

538. **La Ley de Reforma amplió el derecho de voto de unos pocos cientos de miles de personas a más de 600.000.** Ahora estas personas también podían elegir a los miembros del Parlamento (*MP*).

539. **La Ley de Reforma también modificó la distribución de puestos en el Parlamento,** haciendo que las regiones o circunscripciones fueran más equitativas en función del tamaño de la población y la riqueza.

540. **También otorgó representación a las ciudades y zonas industriales** que anteriormente habían tenido muy poca representación o ninguna en absoluta.

541. **Permitió que algunas de las ciudades más grandes, como Birmingham y Manchester, obtuvieran representación en el Parlamento,** poniendo fin a las normas que les impedían tener representación.

542. **Como parte de esta ley, las circunscripciones de pequeños municipios con menos de mil votantes perdieron sus lugares y** las circunscripciones de mayor tamaño los obtuvieron. Como resultado, más diputados empezaron a representar a las zonas urbanas en lugar de a las rurales.

543. **La Ley de Reforma tenía por objeto impedir que los «rotten boroughs» (distritos podridos)** ejercieran una influencia indebida en el Parlamento. Los «rotten boroughs» eran circunscripciones con muy pocos votantes que tenían representación en el Parlamento.

544. **Al reducir el número de «rotten boroughs»,** hubo más equidad y se otorgó el voto a muchos ciudadanos.

545. **Además, la ley definió cómo se replantearían las circunscripciones cada diez años en caso de cambios demográficos.**

546. **Esta ley garantizó que todas las circunscripciones contaran con un número suficiente de personas inscritas para votar,** de modo que sus voces fueran escuchadas y representadas equitativamente, aunque fue un proceso lento.

547. **Se empiezan a poner límites a la cámara más poderosa del Parlamento, la Cámara de los lores,** formada por hombres de antiguas familias aristocráticas con títulos.

548. **La Ley de Reforma también designó al gobierno la responsabilidad** de garantizar que las elecciones fueran justas y estuvieran libres de corrupción o soborno.

549. **Muchas industrias nuevas y sus propietarios estuvieron mejor representadas en el Parlamento.** Anteriormente, no tenían ninguna voz.

550. **Aunque esta ley aumentó considerablemente el derecho de voto, ciertos grupos seguían estando excluidos, entre ellos las mujeres** y quienes no poseían propiedades o no pagaban suficientes impuestos.

551. Es importante recordar que **el movimiento hacia la igualdad, la representación completa y la apertura del gobierno fue un proceso lento**. El cambio no se produjo de la noche a la mañana. Solo **después de la Primera Guerra Mundial** los hombres y mujeres de grupos sociales distintos a la aristocracia tuvieron una representación y un poder significativos.

552. **Esta legislación se conoce a menudo como la *Gran Reforma*** porque fue una ley increíblemente importante que **cambió la política británica para siempre**.

553. **Las medidas de la Ley de Reforma de 1832** fueron los cambios jurídicos y políticos más radicales desde la Carta Magna (1215) y la Revolución gloriosa de 1689.

554. **Muchos distritos fueron modificados para que todos tuvieran aproximadamente la misma cantidad de personas** y un solo parlamentario representando a cada distrito. Este fue el principal objetivo de la Tercera Ley de Reforma de 1884.

555. **Debido a los complicados procesos de inscripción, algunas personas con derecho al voto se desanimaron y no participaron,** cumpliendo el objetivo de algunos.

556. **Cuando se aprobó la Tercera Ley de Reforma, alrededor del 40 por ciento de los hombres tenían derecho al voto.** Las mujeres no podían votar. Muchos distritos y regiones tenían sus propias normas sobre quién podía votar, basadas principalmente en leyes y tradiciones antiguas y obsoletas.

557. **Las leyes de representación del pueblo aprobadas entre 1918 y 1928 permitieron votar a un número aún mayor de personas, incluidas las mujeres.**

558. **Tras la aprobación de la Ley de Reforma de 1832, comenzó a formarse el sistema bipartidista de Gran Bretaña,** que es esencialmente el panorama político británico de la actualidad.

559. **En Irlanda y Escocia se aprobaron leyes separadas, denominadas Leyes de Reforma irlandesa y escocesa respectivamente.** Estas zonas introdujeron cambios similares, aunque no iguales, sobre todo en Irlanda, donde mucha gente era hostil al dominio británico. **En muchos lugares, los irlandeses no podían votar. Otros se negaban a votar, ya que veían a los británicos como una fuerza de ocupación.**

560. **Aunque aún había limitaciones sobre quién podía votar debido a los requisitos de propiedad,** en general, **la Ley de Reforma condujo a Gran Bretaña hacia un sistema más democrático** en el que los ciudadanos tenían voz y voto en su gobierno.

SECCIÓN 2: Descubrir Gran Bretaña a partir de la era victoriana
La era victoriana
(1837 - 1901)

Hemos llegado a **la era victoriana, un periodo de grandes cambios sociales, políticos y tecnológicos. La reina Victoria ocupaba el trono. La Revolución Industrial** había cambiado la forma de trabajar y de vivir de la gente. **Gran Bretaña era uno de los países más poderosos del mundo.** Durante esos **sesenta y cuatro años** ocurrieron muchas cosas. A continuación, treinta datos fascinantes sobre **esta famosa época** de la historia de Gran Bretaña.

561. **La era victoriana debe su nombre a la reina Victoria.** Ella ejerció una poderosa influencia en la sociedad británica durante esta época.

562. Hasta la muerte de la **reina Isabel II** en 2022, la **reina Victoria** había sido la monarca que más tiempo había reinado en la historia británica, haciéndolo durante **sesenta y tres años y siete meses**, de 1837 a 1901.

563. **Durante la era victoriana, Gran Bretaña se convirtió en uno de los países más poderosos del mundo. Su vasto imperio incluía la India, Canadá y colonias en África y Asia.**

564. Uno de los muchos **títulos** que ostentaba la **reina Victoria** era el de **emperatriz de la India.** El Reino Unido controlaba gran parte del subcontinente indio.

565. **Gran Bretaña y Francia estuvieron a punto de entrar en guerra en 1898 por una disputa territorial en África Oriental,** donde ambas reclamaban colonias.

566. Aunque esta última no sucedió, la era victoriana sí fue testigo de guerras. **La guerra de Crimea** (1853-1856) fue un conflicto entre **Rusia y una alianza de Gran Bretaña, Francia, el Imperio otomano** (Turquía) **y Cerdeña.**

567. El esposo de la reina Victoria, el príncipe Alberto, organizó la Gran Exposición de 1851 con Henry Cole, inventor de la carta navideña. La exposición mostraba productos de todo el mundo, incluyendo nuevos inventos como **máquinas a vapor, máquinas de coser** y mucho más.

568. El teléfono, la máquina de escribir y el fonógrafo se desarrollaron durante esta época.

569. Los periódicos, los fonógrafos, las fotos y muchas otras tecnologías unieron más a la población de Gran Bretaña durante esta época.

570. La fotografía se desarrolló en la segunda parte del siglo XIX. Esto permitió a la gente grabar acontecimientos personales y públicos como bodas y guerras.

571. La reina Victoria popularizó el uso del vestido de novia blanco, que se convirtió en la norma para las novias de todo el mundo.

572. El estadounidense de origen escocés Alexander Graham Bell inventó el teléfono, que permitió comunicarse rápidamente a grandes distancias y obtener ayuda de emergencia. El teléfono fue caro durante muchos años. Solo las personas más ricas podían tener uno.

573. En 1840 se puso en circulación el sello *Penny Black,* que permitía enviar cartas a larga distancia por un penique.

574. El ferrocarril conectó la mayor parte de Gran Bretaña, lo que facilitó los viajes. **Los trenes se convirtieron en el medio de transporte preferido** para desplazarse entre ciudades.

575. La expansión de los ferrocarriles y el crecimiento de las ciudades hicieron que las personas se reunieran e interactuaran por primera vez con gente de lugares distantes.

576. El sistema ferroviario subterráneo se inauguró en Londres en 1863, revolucionando el transporte en las ciudades y haciéndolo más eficiente que nunca.

577. **Se introdujo la iluminación eléctrica,** que facilitó el trabajo nocturno sin tener que utilizar lámparas de gas o velas.

578. **El alumbrado público se popularizó en toda Europa,** lo que permitió moverse con seguridad por la noche con menos miedo a ser asaltado o atacado por delincuentes.

579. **A pesar del alumbrado público y del desarrollo de un cuerpo de policía profesional,** muchas ciudades inglesas sufrieron un aumento de los índices de criminalidad durante este periodo.

580. **Los cambios que trajo consigo la Revolución Industrial hicieron increíblemente ricos a algunos hombres y familias.** Muchas de estas personas no eran aristócratas. Eran miembros de la creciente clase media, que a partir de este momento desempeñó un papel más importante en Gran Bretaña.

581. **La producción agrícola aumentó gracias a la mecanización,** por lo que el rendimiento fue mucho mayor.

582. **Se promulgaron leyes que limitaban el trabajo infantil en fábricas** y definían la edad que debía tener un niño para trabajar. **Poco a poco, más niños empezaron a asistir gratuitamente a la escuela primaria.**

583. **Se inventó la máquina de coser,** que facilitó la confección de ropa a las mujeres desde casa y en las fábricas.

584. **Los derechos de las mujeres avanzaron significativamente durante la época victoriana.** Tuvieron más acceso a la educación y algunos derechos legales como **poseer propiedades o heredar tierras sin permiso de un pariente masculino.**

585. **La esperanza de vida aumentó significativamente** gracias a la mejora de las normas sanitarias y a los avances de la medicina, aunque los centros urbanos de Inglaterra, especialmente las ciudades más grandes como Londres, fueron durante mucho tiempo lugares peligrosos, insalubres y superpoblados.

586. **Durante esta época se produjeron avances en la ciencia, como la pasteurización,** que mejoraron los estándares sanitarios en toda Europa y América.

587. **En 1859, Charles Darwin publicó su famoso libro *El origen de las especies*,** que proponía la teoría de la evolución por selección natural.

588. **La época victoriana fue la Edad de Oro de la literatura inglesa. Charles Dickens, George Eliot, Thomas Hardy** y muchos otros autores famosos escribieron novelas durante esta época.

589. **Tres de los nietos de Victoria eran reyes en Europa cuando comenzó la Primera Guerra Mundial: Jorge V de Inglaterra, Guillermo II de Alemania y Nicolás II de Rusia**, que eran todos primos.

590. **Tras la muerte de Victoria, en 1901, Gran Bretaña tenía colonias en todo el mundo. Controlaba alrededor del 25 por ciento del mundo.** Muchos de los océanos del mundo eran dominados por la Marina Real Británica. Un dicho popular decía: **«El sol nunca se pone en el Imperio británico».**

La Gran Exposición

(1851)

La Gran Exposición de 1851 fue un acontecimiento fascinante que mostró la riqueza y el poder de Gran Bretaña. La gente podía ver **el Palacio de Cristal** o los miles de objetos interesantes que se exhibían. **Este acontecimiento impactó increíblemente a todo el mundo;** veamos cómo.

591. **La Gran Exposición de 1851 fue la primera exposición internacional del mundo. Se celebró en Londres.**

592. **Tuvo lugar en un edificio llamado Palacio de Cristal,** que contaba con más de 990.000 pies cuadrados de espacio expositivo.

593. **Más de cien países enviaron objetos para exponerlos en la Gran Exposición.** Había arte y objetos de todo el mundo.

594. **La exposición fue un reflejo de un mundo más conectado con Gran Bretaña** en el centro.

595. **Una gran ceremonia de inauguración marcó el inicio de la Gran Exposición. La reina Victoria llegó a caballo acompañada de su marido, el príncipe Alberto,** y de sus siete hijos. Todos iban vestidos de blanco.

596. **Más de seis millones de personas la visitaron durante los seis meses que duró.** Eso era aproximadamente un tercio de la población de Gran Bretaña en ese momento.

597. **La Gran Exposición se convirtió en «el lugar de moda» de los miembros de la sociedad británica.**

598. Muchos personajes famosos asistieron a la exposición, entre ellos **Charles Dickens** y **Michael Faraday,** quienes dieron conferencias durante su estancia.

599. **Se instalaron locomotoras de vapor especiales en el exterior para que los visitantes pudieran viajar fácilmente en tren directamente a Hyde Park,** donde se encontraba la exposición.

600. **Para asegurarse de que los visitantes no se perdieran mientras exploraban todas las maravillas, se elaboraron mapas especiales del interior del Palacio de Cristal**, con nombres de calles como *Regent Street* u *Oxford Street* en honor a famosos lugares de Londres.

601. **Se contrataron intérpretes de diferentes países para que los visitantes pudieran hacer preguntas** sobre los objetos en su lengua materna.

602. **La Gran Exposición fue la primera ocasión en la que mucha gente conoció la cocina internacional.** Se ofrecían alimentos de todo el mundo, como curry indio, fideos chinos y delicias turcas.

603. **También fue la primera vez que mucha gente vio artículos exóticos como plumas de avestruz, lacas japonesas y productos de cuero de canguro.**

604. **En la Gran Exposición se expusieron 13.000 objetos**, entre ellos el famoso **diamante Koh-i-Noor**, de **186 quilates.** El diamante pesaba un poco menos de una libra.

605. **Una de las atracciones más populares de la exposición eran las muñecas de tamaño natural que movían los ojos y la boca.** Estas maravillas mecánicas eran sorprendentemente reales para la época.

606. **Una de las atracciones más famosas de la Gran Exposición era una fuente de agua gigante** que lanzaba chorros ¡de hasta cuarenta pies de altura!

607. **Para mostrar el poderío industrial de Gran Bretaña, diferentes áreas de la Gran Exposición exhibían objetos como máquinas a vapor y maquinaria pesada producida por empresas británicas.** Estos objetos se encontraban en una zona llamada *Machinery Hall*.

608. **Además de contar con exposiciones sobre temas como la ingeniería y la industria, el Palacio de Cristal también contaba con una enorme zona de jardines** en el exterior con plantas exóticas importadas para el evento.

609. **Todas las noches, durante la Gran Exposición, había presentaciones de bandas que tocaban música tradicional de diferentes países.**

610. **Muchos historiadores consideran la Gran Exposición como una especie de «fiesta de presentación» de Gran Bretaña.** La exposición dejó claro que Gran Bretaña era la capital económica y cultural del mundo, así como una gran potencia militar.

Guerra de Crimea
(1853 - 1856)

La guerra de Crimea se libró entre Gran Bretaña, Rusia, Turquía, Francia y Cerdeña. ¿Por qué luchaban? Por el control **de la península de Crimea, la región del Cáucaso y el mar Báltico.** Hay muchos datos interesantes sobre esta guerra, como **la audaz Carga de la brigada ligera,** la introducción de **nuevas tácticas militares**, el uso de nuevas tecnologías y mucho más.

611. **La guerra de Crimea se libró entre Rusia y una alianza de Francia, Gran Bretaña, el Imperio otomano (Turquía) y el Reino de Cerdeña (en la actual Italia).**

612. **Gran Bretaña y Francia se aliaron con Turquía fue porque temían que Rusia dominara la región,** ya que Turquía no era tan fuerte como antes.

613. **Aunque Francia entró en este conflicto principalmente por su alianza con Gran Bretaña,** también quería el control de Siria, a la que Rusia estaba intentando acceder.

614. **La guerra duró desde octubre de 1853 hasta febrero de 1856.**

615. La batalla más importante de la guerra fue **el sitio de Sebastopol** (1854-1855).

616. Durante una batalla cerca de **Sebastopol,** un regimiento entero de **zuavos franceses de élite** («*zwah-vays*») cargaron contra las líneas rusas mientras cantaban el himno francés, **«La Marsellesa».** Inspiraron a otras tropas con su valentía, a pesar de sufrir terribles pérdidas.

617. Otro combate famoso tuvo lugar en **Inkerman en 1854.** Una pequeña fuerza de **soldados británicos** resistió durante varias horas a un número casi diez veces superior de rusos antes de que llegaran los refuerzos, lo que les valió el reconocimiento por su valor bajo el fuego.

618. Durante la batalla de Balaclava, en octubre de 1854, un grupo de soldados británicos mantuvo a raya a toda una división rusa durante más de tres horas. Se les conoció como la **«Delgada línea roja». Su valentía fue honrada con seis cruces Victoria**, la más alta condecoración militar en Gran Bretaña.

619. En Balaclava, Lord Cardigan dirigió a su caballería en lo que se conoce como la «Carga de la brigada ligera», que se convirtió en tema de canciones e historias, a pesar de que fue una derrota británica.

620. Cuando comenzó la guerra de Crimea, los soldados británicos llevaban uniformes muy elaborados, similares en muchos aspectos a los que llevan hoy en día los guardias de la reina o del rey en el palacio de Buckingham. Se veían muy bien en el patio de armas, pero eran increíblemente calurosos, demasiado coloridos y no lo bastante resistentes para soportar las condiciones del campo de batalla. Muchas tropas británicas tomaron lo que pudieron de los soldados rusos muertos o hicieron trueques con sus aliados para conseguir mejores uniformes.

621. El uso del telégrafo permitió a los británicos mover sus tropas rápidamente a donde más se necesitaban.

622. La Armada británica bloqueó los puertos rusos, impidiendo la entrada o salida de barcos con suministros o refuerzos, lo que provocó escasez y **debilitó la posición de Rusia.**

623. La guerra de Crimea fue el primer gran conflicto en el que se utilizó el ferrocarril con fines militares. Los trenes transportaban tropas, municiones y suministros a grandes distancias con rapidez, permitiendo movimientos más eficientes de los ejércitos por toda Europa.

624. En marzo de 1855, el autocrático emperador ruso Nicolás I murió y fue sustituido por Alejandro II, quien era más liberal.

625. En noviembre de 1855, Rusia aceptó negociar la paz. Pero antes de firmar ningún tratado, estallaron de nuevo las hostilidades, que duraron hasta **marzo de 1856**, cuando finalmente ambas partes llegaron a un compromiso.

626. **Antes de la guerra, la mayoría de los ejércitos utilizaban armas más antiguas, como mosquetes, que tardaban mucho tiempo en cargar y disparar.** Durante este conflicto, algunas fuerzas comenzaron a utilizar armas nuevas que disparaban mucho más rápido.

627. **El inventor británico Henry Bessemer desarrolló un nuevo tipo de proyectil de artillería,** pero los cañones no podían manejarlo bien. Después de la guerra, Bessemer llevó a cabo lo que se conoce como el **proceso Bessemer,** que permitió la producción en masa de acero de mayor calidad.

628. **En este conflicto se produjeron algunos avances en ingeniería militar,** como las técnicas de construcción de trincheras y el uso a gran escala de artillería móvil. Ambas innovaciones se convirtieron **más tarde en parte fundamental de las estrategias en el campo de batalla de la Primera Guerra Mundial.**

629. **Durante este conflicto, soldados de todos los países escribieron cartas a sus casas describiendo sus experiencias.** Muchas de estas cartas se publicaron posteriormente en libros y periódicos, lo que nos da una valiosa idea de cómo era la vida en el frente.

630. **Esta guerra fue la primera en la que se utilizó** la fotografía para documentar. **Roger Fenton tomó famosas fotografías de los campos de batalla** y de los ejércitos durante sus visitas a la zona en 1855 y en 1856.

631. **La guerra de Crimea fue el primer gran conflicto internacional** del que hicieron eco los periódicos, lo que proporcionó un nivel de conciencia pública sin precedentes sobre los acontecimientos de esta guerra.

632. **De este conflicto surgieron varios inventos importantes**, como la mejora de los **vagones ambulancia,** que se diseñaron específicamente para transportar a los soldados heridos desde los campos de batalla. También se instalaron **tiendas médicas** cerca del frente para que los heridos recibieran tratamiento rápidamente.

633. En la guerra de Crimea también se produjeron algunos avances en la ciencia médica. Los cirujanos británicos que trabajaban sobre el terreno utilizaron por primera vez **anestésicos** para las cirugías durante las operaciones de combate.

634. Las mejoras en la higiene médica realizadas durante la guerra de Crimea influyeron más tarde en los hospitales del Ejército de la Unión durante la guerra civil americana.

635. Florence Nightingale se hizo famosa por su trabajo como **enfermera durante esta guerra.** Ayudó a mejorar las condiciones hospitalarias de los soldados heridos de ambos bandos del conflicto.

636. Los estadounidenses estaban profundamente **interesados en la guerra de Crimea** por muchas razones. Unos de los más interesados eran los médicos, algunos de los cuales viajaron a Crimea **para estudiar la medicina en el campo de batalla** y las formas de mejorarla. **Muchos de estos cambios se aplicaron en EE. UU. durante la guerra de Secesión.**

637. En total, hubo más de 600.000 bajas de todos los ejércitos durante este conflicto. Alrededor de **250.000 de ellas murieron debido a enfermedades,** el frío o las malas prácticas sanitarias, entre otras causas no relacionadas con los combates.

638. El Tratado de París, en 1856, puso fin a esta guerra. Reguló el comercio entre Rusia y otros países europeos y estableció una zona neutral en el mar Negro y su costa. Nadie podía construir allí barcos o fortificaciones sin permiso de las naciones firmantes.

639. Los términos del tratado de paz fueron redactados en gran parte por Gran Bretaña y Francia. Como Turquía era el socio más débil, fue el menos beneficiado.

640. El idioma oficial utilizado en las negociaciones entre Rusia y Gran Bretaña fue el francés, ¡a pesar de que ambas naciones tenían representantes que hablaban inglés o ruso con fluidez!

641. El Tratado de París no solo puso fin a las hostilidades entre Rusia y las fuerzas aliadas. También redibujó muchas fronteras en toda Europa, incluida la que separaba **Austria y Hungría a lo largo del río Danubio.**

642. Aunque la guerra se libró en la península de Crimea, Rusia perdió tierras en su frontera occidental con el tratado que puso fin a la guerra.

643. Aunque Gran Bretaña entró en la guerra principalmente debido a la preocupación por la expansión rusa en territorios otomanos, aumentó su influencia sobre esas mismas tierras después del conflicto.

644. Los británicos y los rusos lucharon entre sí por el control de Afganistán en las décadas de 1870 y 1880.

645. Debido a la dominación británica, su creciente poder en los territorios otomanos y sus disputas con Francia en África, muchos extranjeros llamaron a Inglaterra «Pérfida Albión». «Albión» era un antiguo nombre de Inglaterra, y **«pérfida»** significa **«poco digna de confianza».**

646. En la segunda parte del siglo XIX, Gran Bretaña expandió enormemente su poder e influencia. Algunos historiadores consideran la guerra de Crimea como una de las principales razones del ascenso británico.

647. Una vez finalizada la guerra, se erigieron varios monumentos para conmemorar a los que perdieron la vida. Uno de los más famosos es **el Valle de la muerte en Sebastopol,** donde más de diez mil soldados de ambos bandos están enterrados juntos como hermanos de armas.

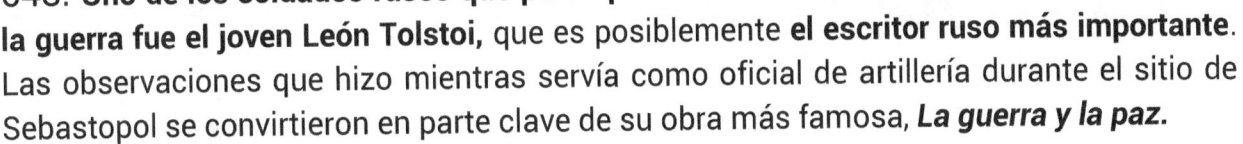

648. Uno de los soldados rusos que participó en la guerra fue el joven León Tolstoi, que es posiblemente **el escritor ruso más importante.** Las observaciones que hizo mientras servía como oficial de artillería durante el sitio de Sebastopol se convirtieron en parte clave de su obra más famosa, *La guerra y la paz.*

649. Florence Nightingale fue la mujer más famosa de la guerra, pero otras acudieron en su ayuda, entre ellas una mujer jamaicana de raza negra llamada **Mary Jane Seacole**, que llegó a ser conocida como **la «creole de la taza de té»** por proporcionar a las tropas cansadas y heridas algunas de las comodidades del hogar. **«Creole»** es un término que se usaba antiguamente para referirse a alguien de ascendencia caucásica y africana en el hemisferio occidental.

650. Cuando terminó la guerra, Rusia estaba casi en bancarrota y necesitaba urgentemente dinero y oro. Esta fue una de las razones por las que **los rusos vendieron Alaska a Estados Unidos** en 1854.

Hambruna irlandesa de la papa
(1845 - 1850)

La hambruna irlandesa de la papa, también llamada la gran hambruna, fue un periodo de **gran sufrimiento y pérdida de vidas en Irlanda**. Muchas **familias irlandesas emigraron a América** a causa de ella. ¿Cuál fue la causa de esta gran hambruna? ¿Cómo influyó en la cultura irlandesa y en la de los países a los que llegaron los inmigrantes? **¿Cómo pudo la plaga de la papa extenderse tan rápidamente y destruir mucho más que las plantas?** ¿Por qué el gobierno británico tardó tanto en reaccionar? **Esta hambruna aún se recuerda hoy en día y se ha utilizado como símbolo de resistencia y determinación ante la adversidad.** A continuación, se exploran cuarenta hechos sobre este terrible acontecimiento de la historia y **la relación entre irlandeses e ingleses.**

651. **El contacto entre Inglaterra e Irlanda se remonta a antes del siglo XIX.** El cristianismo se extendió más rápidamente en Irlanda que en Inglaterra, tanto que muchos de **los primeros evangelizadores en Inglaterra eran monjes irlandeses.**

652. **Irlanda tuvo los mismos problemas que Inglaterra con los vikingos,** que se apoderaron de gran parte de la costa irlandesa, pero no pudieron extenderse hacia el interior debido a la feroz resistencia.

653. **Con el tiempo, una nueva cultura, mezcla de irlandeses y nórdicos, se extendió en la Irlanda costera llamada** *Hiberno-Norse.* Hibernia era el nombre romano de Irlanda.

654. **Los ingleses iniciaron su dominación de Irlanda en 1169, cuando estalló allí una revuelta contra Enrique II por parte de sus hijos y su ex esposa, Leonor de Aquitania.** La familia de Enrique se alió con poderosos jefes irlandeses contra él, pero fueron derrotados.

655. Desde mediados del siglo XVI hasta 1625, **la monarquía inglesa concedió a los lores ingleses y escoceses grandes extensiones de tierra en Irlanda,** forzando la expulsión de los irlandeses.

656. **En 1601, una fuerza española desembarcó en Irlanda con la esperanza de unir a sus compatriotas católicos contra el dominio protestante inglés y escocés.** Los ingleses derrotaron a los españoles y tomaron el control formal de Irlanda desde 1603 hasta 1921. **En 1921, la parte sur de Irlanda (la República de Irlanda) obtuvo la independencia.**

657. Gran parte de lo que hoy es Irlanda del Norte fue colonizada por protestantes escoceses e ingleses, junto con algunos protestantes locales. En la actualidad, **Irlanda del Norte sigue formando parte del Reino Unido.**

658. **En 1798 se produjo la rebelión irlandesa. Se extendió desde Dublín hacia el campo y luego por todo el país.** Los rebeldes querían acabar con el dominio inglés y se produjeron muchos ataques contra protestantes, lo que dio lugar a un ciclo de venganzas. **La rebelión terminó por la fuerza en octubre de 1798, seis meses después de su inicio.**

659. **A finales del siglo XVIII y principios del XIX, los ingleses iniciaron una campaña para destruir la lengua irlandesa.** La lengua era una parte clave de la identidad irlandesa y les recordaba su historia.

660. **Como consecuencia de que los lores ingleses y escoceses reclamaran gran parte de Irlanda como suya, muchos irlandeses se vieron obligados a abandonar sus granjas y trabajar en fábricas.** Muchos se fueron a Inglaterra y Estados Unidos en busca de oportunidades, pero se enfrentaron a la discriminación.

661. **Existen grandes comunidades irlandesas en muchas ciudades de Inglaterra,** especialmente en el noroeste.

662. **En 1845 comenzó la hambruna irlandesa de la papa.** Duró hasta 1850 y cambió Irlanda para siempre.

663. **La hambruna irlandesa de la papa tuvo un gran impacto en la población de Irlanda.** La población disminuyó en más de un 20 por ciento entre 1841 y 1851 debido a la muerte o a la migración.

664. **Más de un millón de personas murieron durante este tiempo, mientras que otros dos millones abandonaron sus hogares y emigraron a otros países,** como Canadá, Australia, Nueva Zelanda, Estados Unidos e Inglaterra.

665. En Estados Unidos hay más descendientes de irlandeses que en Irlanda. Esto se debe en gran parte a la hambruna de la papa.

666. La hambruna fue causada por un hongo conocido como *Phytophthora infestans*, que atacó a las papas en toda Europa. **El hongo afectó más a Irlanda debido a la gran dependencia del país de la papa como principal fuente de alimento.**

667. Se cree que uno de los principales factores por los que la plaga se extendió tan rápidamente en Irlanda era **que muchos agricultores plantaban un solo tipo de papa, lo que hacía que las plantas fueran más susceptibles a la enfermedad.**

668. **Entre un tercio y la mitad de todas las papas cultivadas durante este periodo estaban enfermas.** Incluso si los agricultores lograban salvar algunas cosechas, a menudo recogían papas podridas.

669. **Los bajos niveles de nutrición sumados a las malas condiciones sanitarias hacían que la gente no solo muriera de hambre, sino que también padeciera enfermedades.**

670. **El gobierno británico no hizo lo suficiente para ayudar a los afectados** por la hambruna ni proporcionó ayuda a pesar de que sabía lo que estaba ocurriendo desde que empezaron a salir informes al respecto, poco después de que comenzara.

671. **En 1845, Irlanda exportó más de tres millones de toneladas de trigo.** Sin embargo, el gobierno colonial británico siguió sin proporcionar ayuda o poner fin a las exportaciones de trigo, lo que agravó el **sufrimiento y la hambruna de los irlandeses.**

672. **En 1847, el gobierno británico aprobó una ley para socorrer a los afectados por la hambruna.** Sin embargo, esta ayuda llegó demasiado tarde y tuvo poco efecto en la reducción de las muertes o en detener la emigración.

673. **En 1845, el gobierno *Whig* británico creó 700.000 puestos de trabajo para irlandeses.** Estaban mal pagados, pero ganaban lo suficiente para evitar que una familia pequeña muriera de hambre. Desgraciadamente, este programa fue recortado cuando **el conservador Partido *Tory* volvió al poder, lo que costó la vida a muchos irlandeses.**

674. **Durante la hambruna, las organizaciones benéficas, como los cuáqueros, proporcionaron ayudas muy necesarias**, incluyendo comedores de beneficencia, atención médica y alojamiento temporal para los desplazados.

675. **En algunas zonas, las reservas de papas se enterraron para utilizarlas más tarde,** pero muchas de ellas se pudrieron porque no había gente suficiente para comerlas.

676. **Gran parte de las mejores tierras de Irlanda estaban en manos de aristócratas británicos y de sus compatriotas irlandeses protestantes.** Las tierras que sobraban estaban en manos del pueblo llano, pero las parcelas eran a menudo tan pequeñas que el único cultivo que crecía en número suficiente eran las papas.

677. **Debido al aumento de los niveles de pobreza tras la hambruna, muchos niños se vieron obligados a ingresar en casas de trabajo** en las que trabajaban largas horas en condiciones precarias por un salario escaso o nulo.

678. **Muchas personas recurrieron a la delincuencia o a la prostitución para sobrevivir**, lo que provocó un aumento de los índices de criminalidad en toda Irlanda.

679. **Otros, para sobrevivir, se unieron a milicias como Ribbonmen y Whiteboys,** que utilizaban la violencia contra los terratenientes debido a sus duros desalojos y libraron una guerra de guerrillas a pequeña escala contra los protestantes irlandeses. Esta guerra se prolongó durante el resto del siglo hasta que Irlanda consiguió su independencia en 1921.

680. **El pintor irlandés Daniel Macdonald (1821-1853) plasmó la miseria de la hambruna en sus cuadros.** En 1847, se expusieron en Londres, lo que atrajo una mayor atención sobre el sufrimiento en Irlanda.

681. **La gran hambruna de la papa no solo afectó a quienes la vivieron, sino que desde entonces se utiliza como ejemplo en los libros de historia para ilustrar la importancia de la seguridad alimentaria.**

682. **Para tratar de evitar otras hambrunas, los gobiernos de Europa empezaron a introducir leyes que restringían las exportaciones de trigo e imponían fuertes impuestos a los terratenientes** para que no negaran alimentos a quienes los necesitaban.

683. **Una vez pasada la plaga de la papa, se desarrollaron nuevas variedades de cultivos con mayor rendimiento.**

684. **Se sabe que la plaga de la papa reapareció esporádicamente** después de su brote inicial, la última vez en la década de 1970. Las papas volvieron a verse afectadas, pero afortunadamente no se han producido hambrunas a gran escala desde entonces.

685. **A pesar de las trágicas consecuencias de la hambruna irlandesa de la papa, hubo algunos efectos positivos** de la misma, como el aumento de las oportunidades económicas en el extranjero para muchos inmigrantes irlandeses que no encontraban trabajo o un salario decente en casa.

686. **La hambruna irlandesa de la papa contribuyó en gran medida a un aumento del nacionalismo irlandés,** ya que muchos querían independizarse del dominio británico después de la poca ayuda que recibieron.

687. **El monumento a la gran hambruna, situado en Battery Park en Nueva York, está dedicado a todos los que perdieron la vida durante esta tragedia** y sirve como recordatorio de lo importante que es ofrecer ayuda cuando ocurren desastres.

688. **Una de las instituciones que los ingleses instalaron en Irlanda para «desalentar» la pobreza y el desempleo fue la *workhouse*.** Las *workhouse* eran lugares con una cama, comida suficiente para sobrevivir y una pequeña paga a cambio de mucho trabajo.

689. **Muchas familias irlandesas vendieron lo poco que tenían e intentaron entrar en los pocos *workhouse* del país.** Sin embargo, se llenaron rápidamente y el gobierno se negó a construir más porque no querían que los irlandeses se acostumbraran al «bienestar» británico.

690. **La hambruna irlandesa de la papa se ha documentado en muchos libros a lo largo de los años** y aún hoy se recuerda como una gran tragedia.

Las guerras bóeres
(1880-1881 y 1899-1902)

Es momento de hablar de **las guerras bóeres de finales del siglo XIX**, que fueron dos conflictos librados entre **el Imperio británico y las dos repúblicas bóeres independientes: el Estado Libre de Orange y la República Sudafricana**. A continuación, se encuentran treinta datos interesantes sobre las tácticas militares empleadas y las secuelas de estos conflictos. **Estas guerras dieron forma a la Sudáfrica moderna.** Veamos cómo.

691. **Las guerras bóeres se libraron entre el Imperio británico y los colonos holandeses de Sudáfrica, que se autodenominaban bóeres.**

692. **Los bóeres eran descendientes de los colonos holandeses** que se habían establecido en Sudáfrica en 1652.

693. **Los británicos comenzaron a asentarse en el sur de África a principios del siglo XIX.** Los holandeses y los británicos libraron costosas guerras contra la tribu dominante en la zona, **los zulúes**, que lucharon contra otras tribus por el control de gran parte del **este y sureste de Sudáfrica.**

694. **En 1879, los británicos y los bóeres se aliaron contra los zulúes.** Los británicos y los bóeres tuvieron éxito, lo que marcó el inicio de una larga política que desembocó en un país segregado racialmente durante la mayor parte del siglo XX: **la República de Sudáfrica.**

695. **Las guerras bóeres formaron parte de un programa más amplio de expansión británica en África** durante la segunda mitad del siglo XIX. **En 1900, la mayor parte de África estaba controlada por Gran Bretaña y Francia. Alemania, Bélgica, Italia y Portugal** controlaban partes más pequeñas.

696. **La primera guerra de los bóeres enfrentó a Gran Bretaña y a dos repúblicas sudafricanas independientes:** la **República del Transvaal** (*Zuid-Afrikaansche Republiek* o ZAR, que significa República Sudafricana) y el **Estado Libre de Orange** (OFS). La guerra duró de 1880 a 1881.

697. **Hubo muchas causas para la guerra, incluyendo la inmigración británica**, la creencia de que **los británicos estaban expulsando a los bóeres** del territorio que consideraban suyo y los impuestos injustos a los bóeres por parte del gobierno británico.

698. **En las guerras bóeres se utilizaron nuevas tácticas, como la guerra de trincheras.** Los soldados cavaban trincheras profundas para protegerse del fuego enemigo. La **guerra de trincheras** no fue tan eficaz como podría haber sido, ya que los soldados a menudo tenían que reconstruir las trincheras después de cada batalla.

699. **Muchos historiadores sostienen que el uso de trincheras aumentó en gran medida el sufrimiento de los civiles,** ya que cualquiera que fuera encontrado cerca de estas fortificaciones podía ser arrestado sin juicio.

700. **El uniforme británico estándar consistía en una chaqueta roja, pantalones azules con una franja roja y un safari blanco o casco de médula,** lo que les hacía destacar en el paisaje africano. **Los bóeres, en su mayoría cazadores y muy buenos tiradores,** reconocían fácilmente a los británicos.

701. **En 1899 comenzó la segunda guerra anglo-bóer o guerra sudafricana** cuando tres gobiernos bóeres distintos declararon su independencia de Gran Bretaña: **la República del Transvaal, el Estado Libre de Orange y Goshen**, una república de corta duración cerca de la actual Botsuana.

702. **Paul Kruger fue presidente de la República de Transvaal** durante la segunda guerra anglo-bóer. Se negó a rendirse incluso cuando su propio pueblo empezó a quedarse sin recursos.

703. **Una de las personas más influyentes en la segunda guerra bóer fue Cecil Rhodes**, que proporcionó apoyo financiero a las fuerzas militares británicas. **Incluso formó su propia organización paramilitar, conocida como el Regimiento Rhodesia**, que luchó junto a las tropas regulares. **La beca Rhodes lleva el nombre de Cecil Rhodes.**

704. Otro hombre famoso de la segunda guerra bóer fue Winston Churchill. Churchill fue un **soldado en Sudáfrica** que se hizo periodista. Fue capturado tras una intensa batalla. **Churchill escapó del campo de prisioneros de guerra** en el que se encontraba y recorrió cientos de kilómetros para alcanzar la libertad. Cuando por fin fue libre, recibió una gran bienvenida de héroe en Londres.

705. El hombre que hizo prisionero a Churchill fue P. W. Botha, que más tarde se convirtió en **el líder del Ejército Imperial de Sudáfrica** y fue aliado de Inglaterra durante la Segunda Guerra Mundial. **Botha acabó convirtiéndose en el primer presidente independiente de Sudáfrica.**

706. Otra figura reconocible de las guerras bóeres fue Mahatma Gandhi. Trabajó como conductor de ambulancias para las fuerzas británicas. **También en esta época difundió su filosofía de la no violencia** y la desobediencia civil a través de sus escritos.

707. Muchas mujeres lucharon junto a los hombres durante las guerras bóeres, entre ellas **Emily Hobhouse,** que transportaba suministros entre diferentes campamentos mientras esquivaba el fuego enemigo. **También escribió varios libros** sobre sus experiencias antes de convertirse en una famosa sufragista británica.

708. Durante estas guerras surgieron varias sociedades secretas que tenían como objetivo conseguir la independencia de **la República del Transvaal** (ZAR) y **el Estado Libre de Orange** (OFS). Dos ejemplos son **la Afrikanerbond y la Het Volk,** entre cuyos miembros se encontraba el futuro presidente **Paul Kruger.** Más tarde, estas sociedades participaron en una exitosa revuelta contra el dominio británico conocida como **la rebelión de 1914.**

709. **Durante la segunda guerra bóer, muchas mujeres y niños fueron internados en campos de prisioneros por las fuerzas británicas**, lo que causó mucho sufrimiento y cobró muchas vidas. **El internamiento de civiles bóer presionó a los bóeres para firmar la paz con Gran Bretaña.**

710. **Para obtener el apoyo de otros países, ambos bandos enviaron diplomáticos al extranjero.** Los diplomáticos bóeres difundieron historias sobre el sufrimiento de su pueblo bajo el dominio británico en un intento de **ganar simpatía para su causa.**

711. **Las tribus africanas que vivían cerca participaron en algunos enfrentamientos contra las fuerzas británicas durante ambas guerras.** A menudo eran contratados por jefes locales que querían vengarse de sus antiguos opresores.

712. **Tras fracasar en su intento de derrotar directamente a los bóeres, las fuerzas británicas decidieron aplicar una política de tierra quemada**, que consistió en destruir los cultivos y las granjas de los colonos holandeses para que no tuvieran suficientes suministros.

713. **Los británicos enviaron mensajes a todas las granjas y zonas bóer que pudieron para que los esclavos huyeran y lucharan por Gran Bretaña,** que había abolido la esclavitud. Los bóeres seguían teniendo esclavos en los territorios bajo su control.

714. **En 1900, algunas ciudades como Mafeking fueron declaradas independientes de Gran Bretaña** al negarse a aceptar las condiciones de rendición ofrecidas por el general Frederick Roberts en aquel momento. **Los habitantes de la ciudad se rindieron después de 217 días debido a la falta de suministros de alimentos** causada por el asedio.

715. Muchos británicos quedaron horrorizados por lo ocurrido durante el asedio de Mafeking y presionaron a su gobierno para que pusiera fin a la guerra.

716. En 1901, un grupo de africanos que se **autodenominó «la revolución pacífica» inició protestas pacíficas en toda la República del Transvaal** (ZAR) y el **Estado Libre de Orange** (OFS) con la esperanza de independizarse de Gran Bretaña. Aunque no lograron su objetivo debido a la falta de apoyo de otros países, muchos historiadores creen que **sus acciones inspiraron posteriores movimientos por los derechos civiles en todo el mundo.**

717. En 1902, solo tres años después de la muerte de la reina Victoria, Gran Bretaña firmó un tratado con la República del Transvaal (ZAR) y el **Estado Libre de Orange** (OFS), poniendo fin a la segunda guerra de los bóeres.

718. Tras el fin de la guerra, en 1902, ambas partes firmaron un tratado que concedió a la República del Transvaal (ZAR) y al Estado Libre de Orange (OFS) la independencia de Gran Bretaña. Sin embargo, seguían formando parte de la Unión Sudafricana. **La Unión Sudafricana finalizó en 1961, cuando se convirtió en república.**

719. Gran Bretaña obtuvo el control de lo que hoy se conoce como la Unión Sudafricana, que incluía **los actuales países de Lesoto, Botsuana, Namibia y Zimbabwe.**

720. Se calcula que unos cincuenta mil bóeres murieron en combate o por enfermedad. Veintidós mil soldados británicos murieron durante el conflicto.

Primera Guerra Mundial
(1914 - 1918)

La Primera Guerra Mundial fue un conflicto mundial entre las potencias aliadas y las potencias centrales. Más de **sesenta y cinco millones de soldados de treinta países lucharon en la guerra.** En la guerra se utilizaron **por primera vez tanques, aviones, submarinos y armas químicas,** lo que provocó unos **cuarenta millones de víctimas,** con entre **quince y veinte millones de muertos.** En este capítulo se analizan cuarenta datos sobre el conflicto, incluidas **las armas utilizadas, las batallas libradas y el impacto de la guerra en la sociedad.**

721. **La Triple Alianza de Alemania, el Imperio austro-húngaro y Turquía** se enfrentó a **la Triple Entente de Gran Bretaña, Francia y Rusia en la Primera Guerra Mundial.** Más tarde, **Italia** y **Estados Unidos se unieron a los Aliados** (la Triple Entente).

722. **Las razones de la guerra son muchas, pero la causa inmediata fue el asesinato del archiduque austriaco Francisco Fernando a manos de nacionalistas serbios en Bosnia.** Una vez ocurrido, **Serbia y Austria movilizaron sus ejércitos,** lo que llevó a los Aliados a hacer lo mismo. La guerra se declaró en 1914.

723. **Gran Bretaña y Francia estaban interesadas en impedir que Alemania, cada vez más poderosa, dominara Europa.**

724. **Las naciones europeas utilizaron la propaganda para ganarse los corazones y las mentes de sus ciudadanos y obtener apoyo para el esfuerzo bélico.** Utilizaron carteles, periódicos, emisiones de radio e incluso películas.

725. **Muchas mujeres británicas sirvieron cerca del frente como enfermeras durante la guerra.** Al igual que a muchos hombres, la intensidad de la primera gran guerra del siglo XX las aturdió y horrorizó.

726. **En sus países, muchas mujeres trabajaban en fábricas, fabricando armas y suministros. La Primera Guerra Mundial ofreció muchas oportunidades de empleo a las mujeres,** que ocuparon los puestos que habían dejado vacantes los hombres que luchaban en el extranjero. **Las mujeres construían tanques y aviones. Conducían autobuses y trenes.** También se ocupaban de tareas administrativas dentro de las unidades del ejército, lo que les dio más libertad que nunca.

727. **El día de Navidad de 1914, los soldados británicos y alemanes depusieron las armas en algunas zonas del frente occidental para celebrar juntos pacíficamente.** Este acontecimiento se conoció como «**la tregua de Navidad**» o «**la noche de paz**».

728. **Los británicos, junto con muchas tropas australianas, neozelandesas y francesas, intentaron sacar a Turquía de la guerra** invadiendo la península de Galípoli, cerca de la capital turca, en 1915. El esfuerzo fue un fracaso total.

729. **Winston Churchill tuvo la idea y fue culpado de lo ocurrido.** Estudios posteriores demostraron que, aunque los Aliados hubieran perdido la batalla, **Churchill no era el único culpable.**

730. **Durante la mayor parte de la guerra, el comandante supremo del ejército británico fue el general Douglas Haig,** que representaba todo lo malo del cuerpo de oficiales británico. **Haig y su estado mayor no parecían preocuparse por el número de bajas y utilizaron las mismas tácticas** casi hasta el final de la guerra.

731. **Uno de los oficiales que se opuso a los Aliados en Galípoli fue Mustafá Kemal,** que se convirtió en **el primer presidente de la república de Turquía en 1918,** cuando cayó el Imperio otomano. Se le conoce como **Ataturk, «Padre de los turcos».**

732. **Los submarinos se habían utilizado en la guerra civil estadounidense,** pero a menudo eran más peligrosos para los hombres que iban en ellos que para otros. **La Primera Guerra Mundial vio el uso de los primeros submarinos «modernos» y mortíferos en la guerra.**

733. **Los submarinos alemanes interrumpieron las líneas de suministro aliadas** que transportaban materias primas para la producción industrial. Esto provocó una escasez que afectó a la población civil de Gran Bretaña, Francia y otras naciones. **Gran Bretaña era especialmente vulnerable, ya que gran parte de sus alimentos procedían de ultramar.**

734. En 1915, un submarino alemán hundió el buque de pasajeros Lusitania, lo que causó la muerte de casi 1.200 pasajeros a bordo. Más de un centenar de ellos eran ciudadanos estadounidenses. Alemania alegó que el transatlántico británico transportaba armas y suministros de guerra, lo que los ingleses negaron. **Décadas más tarde, se demostró que a bordo había más de 170 toneladas de proyectiles y balas.**

735. Las fuerzas navales británicas aplicaron un bloqueo a los puertos alemanes que duró toda la Primera Guerra Mundial. **Esto detuvo casi por completo las importaciones y exportaciones de Alemania,** causando una grave escasez y provocando hambruna y malnutrición entre los civiles.

736. En 1916, las fuerzas británicas iniciaron la batalla de Jutlandia, un enfrentamiento naval masivo que fue tácticamente inconcluso y estratégicamente indeciso. **La batalla provocó importantes pérdidas en ambos bandos.**

737. Aunque la batalla de Jutlandia fue un empate, los británicos perdieron más barcos que los alemanes. La flota de superficie alemana no participó en ninguna otra batalla importante durante la guerra

738. En 1916, los británicos perdieron más de treinta mil hombres entre muertos y heridos en un solo día en la batalla del Somme, conmemorada en poemas y relatos ingleses.

739. Muchas obras famosas surgieron de la Primera Guerra Mundial. **Siegfried Sassoon es conocido por su visión sarcástica del patriotismo.** Quizá la obra más famosa sea «*In Flanders Fields*» (*En los campos de Flandes*)**, del cirujano del ejército canadiense John McCrae.**

740. En 1917, Rusia se vio obligada a abandonar la Primera Guerra Mundial después de que una sangrienta revolución liderada por Vladimir Lenin derrocara al **gobierno del zar Nicolás II.**

741. El 6 de abril de 1917, Estados Unidos declaró la guerra a Alemania, uniéndose al esfuerzo bélico de los Aliados.

742. Gran Bretaña tuvo que pedir prestadas enormes sumas de dinero a Estados Unidos para seguir en la guerra, lo que fue una de las muchas causas de la Gran Depresión.

743. El ejército británico fue el primero en utilizar formaciones masivas de tanques. Esto ocurrió cerca de **la ciudad francesa de Cambrai,** a finales de 1917. Los tanques atravesaron las líneas enemigas sin sufrir grandes pérdidas por el fuego de la artillería.

744. La Primera Guerra Mundial trajo consigo importantes avances tecnológicos, como tanques, aviones, ametralladoras y armas químicas. Los efectos de las armas químicas eran horribles, ya que provocaban quemaduras externas e internas y una acumulación interna de líquido en los pulmones que podía ahogar a una persona. **Después de la guerra, la mayoría de las naciones firmaron varios acuerdos prometiendo no volver a utilizar armas químicas nunca más.**

745. Como ambos bandos cavaron trincheras defensivas y fortificaciones en el frente occidental, se crearon armas específicas para ayudar a los atacantes. Una fue **el subfusil** y la otra **el terrorífico lanzallamas.**

746. Según su modelo, los lanzallamas podían lanzar un chorro de llamas calientes a varios metros de distancia. Los soldados tenían tanto miedo de prenderse fuego que quienes llevaban los lanzallamas eran «objetivos valiosos» en cualquier asalto.

747. El RFC, «*Royal Flying Corps*», fue la fuerza aérea británica durante la Primera Guerra Mundial. Durante la guerra se utilizaron por primera vez aviones en combate.

748. Las ciudades inglesas fueron bombardeadas por bombarderos y Zeppelins alemanes durante la guerra. Aunque estas incursiones causaron muchos menos daños que los de la Segunda Guerra Mundial, hicieron que **los ingleses se dieran cuenta de que eran vulnerables a los ataques aéreos extranjeros.**

749. En la Primera Guerra Mundial se utilizaron por primera vez portaaviones, pero su uso fue muy limitado. **Fue en la Segunda Guerra Mundial cuando los portaaviones se convirtieron en un elemento decisivo en el mar.**

750. En 1917, las fuerzas aliadas dirigidas por el general Edmund Allenby conquistaron Jerusalén, antes en poder de las fuerzas turcas. Jerusalén había estado bajo dominio musulmán durante cuatro siglos. Este acontecimiento marcó **un hito importante en la campaña de Medio Oriente de la Primera Guerra Mundial.** También tuvo un **profundo efecto en el Cercano Oriente,** ya que gran parte de la zona quedó en control de los europeos después de la guerra.

751. **En enero de 1918, el presidente estadounidense Woodrow Wilson pronunció su famoso discurso de los catorce puntos,** en el que esbozaba su visión de la paz tras la Gran Guerra. Su discurso condujo finalmente a la creación de **la Sociedad de Naciones, en 1920**. Esta organización buscaba promover la cooperación internacional y evitar nuevas guerras.

752. **La lucha terminó a las 11 de la mañana del 11 de noviembre de 1918.** Esto se debió al armisticio o alto al fuego que ambos bandos acordaron. Sin embargo, para la mayoría estaba claro que las potencias centrales, concretamente **Alemania, habían perdido la guerra.**

753. **En la Primera Guerra Mundial se produjeron importantes avances en la ciencia médica. Se utilizaron antibióticos** para tratar a los soldados heridos y **evitar la propagación de infecciones.** Con el tiempo, estos medicamentos se convirtieron en componentes esenciales de la atención sanitaria moderna, salvando innumerables vidas en todo el mundo.

754. **En 1918, la gripe española mató a unos cincuenta millones de personas** en todo el mundo. **¡Murió más gente por la gripe española que por la guerra!**

755. **El Tratado de Versalles se firmó el 28 de junio de 1919,** marcando el final oficial de la Primera Guerra Mundial.

756. **El Tratado de Versalles debilitó gravemente a Alemania al obligarla a renunciar a sus colonias y a pagar enormes indemnizaciones.** Los alemanes resintieron el tratado. Más tarde prestaron su apoyo a un grupo que prometía recuperar la Alemania de antaño, **el partido nazi.**

757. **El primer ministro británico al final de la guerra era David Lloyd-George**, el primero de los cuatro primeros ministros de la historia británica nacidos en Gales y uno de los autores del Tratado de Versalles.

758. **Millones de personas murieron durante la Primera Guerra Mundial. Las pérdidas británicas se estiman en más de 700.000 hombres.** Esa cifra se eleva a cerca de un millón si se tienen en cuenta las colonias británicas.

759. **Los británicos muertos durante la guerra, especialmente los ingleses, llegaron a ser conocidos como la «generación perdida».**

760. **Debido a los interminables bombardeos en el frente occidental, muchos hombres, entre ellos miles de soldados británicos, desarrollaron TEPT** (trastorno de estrés postraumático). Por aquel entonces, se denominaba **«neurosis de guerra»** y a menudo se manifestaba a través de temblores incontrolables, espasmos y pánico.

El movimiento por el sufragio femenino

Hoy en día, muchas mujeres dan por sentado que pueden votar en elecciones importantes y tener voz en su gobierno, pero **el derecho al voto en Gran Bretaña no fue fácil.** Otro nombre para el voto es **«sufragio»,** y las **mujeres y hombres que lucharon por el derecho al sufragio de las mujeres sufrieron acoso, cárcel, palizas** y otros malos tratos a manos de las autoridades y las fuerzas conservadoras. A continuación, se presentan veinte hechos importantes sobre este movimiento.

761. **El movimiento por el sufragio femenino en Gran Bretaña tenía como objetivo garantizar el derecho de voto a las mujeres,** permitiéndoles participar en el proceso democrático.

762. **El movimiento comenzó a mediados del siglo XIX con la formación de varias organizaciones,** como la **Sociedad Nacional para el Sufragio Femenino** (1867) y **la Unión Social y Política de Mujeres** (1903).

763. Una de las figuras destacadas del movimiento sufragista fue **Emmeline Pankhurst,** quien, **junto con sus hijas Christabel y Sylvia,** fundó la **Unión Social y Política de Mujeres** (WSPU por sus siglas en inglés).

764. **La WSPU adoptó tácticas más militantes y agresivas en su lucha por el sufragio.**

765. **El movimiento sufragista se enfrentó a la oposición de hombres y mujeres que creían que el lugar de las mujeres estaba en el hogar** y que no estaban capacitadas para participar en política.

766. **Las sufragistas emplearon diversos métodos para llamar la atención** y defender su causa. Estos métodos incluyeron **protestas, huelgas de hambre y actos de desobediencia civil** como bloqueos a las entradas de importantes edificios gubernamentales.

767. **El movimiento sufragista sufrió importantes reveses.** Muchas sufragistas fueron detenidas y encarceladas por su militancia. A menudo fueron sometidas a duros tratos durante su estancia en prisión.

768. **Una de las tácticas más famosas de las sufragistas en prisión fue la huelga de hambre,** en la que se negaban a comer.

769. **En lugar de ser culpadas por permitir que estas mujeres murieran de hambre, las autoridades a menudo las alimentaban a la fuerza, lo que resultaba doloroso y tortuoso.**

770. **El movimiento sufragista cobró importancia durante la Primera Guerra Mundial, cuando las mujeres asumieron funciones tradicionalmente desempeñadas por hombres,** como el **trabajo en fábricas y el servicio en las fuerzas armadas.** Esto ayudó a cambiar la opinión pública con respecto a las capacidades de las mujeres.

771. **La Ley de Representación del Pueblo de 1918 concedió el derecho al voto a las mujeres mayores de treinta años** que cumplieran ciertos requisitos de propiedad. Esto marcó un hito importante para el movimiento sufragista.

772. **La Ley de 1918 fue también la primera que permitió a casi todos los hombres adultos votar.**

773. **La Ley de Igualdad de Derechos de 1928 amplió el derecho de voto a todas las mujeres mayores de veintiún años,** equiparándolas a los hombres.

774. **El movimiento sufragista en Gran Bretaña inspiró movimientos similares en otros países del mundo,** como Estados Unidos, Canadá, Australia y Nueva Zelanda.

775. **Muchas sufragistas se enfrentaron al escarnio público y fueron tachadas de radicales** o alborotadoras por su participación en el movimiento.

776. **Muchas también cuestionaron su sexualidad** en una época en la que las relaciones entre personas del mismo sexo estaban muy mal vistas y eran perseguidas.

777. **El movimiento sufragista reunió a mujeres de diversos orígenes sociales y económicos,** incluidas mujeres de clase trabajadora, de clase media e incluso algunas integrantes de la aristocracia.

778. **Uno de los hombres que se opuso al sufragio femenino, pero que más tarde admitió que estaba equivocado, fue Winston Churchill.** Fue miembro del Parlamento y del gabinete en algunos momentos de la lucha de las sufragistas.

779. **Sufragistas notables como Emily Davison sacrificaron sus vidas por la causa. Emily Davison murió tras arrojarse delante del caballo del rey durante el Derby de Epsom de 1913.** Como muchas otras sufragistas, había realizado numerosas huelgas de hambre y había sido detenida varias veces por sus convicciones.

780. **El movimiento sufragista en Gran Bretaña allanó el camino para futuros avances en los derechos de la mujer,** lo que ha conducido a una mayor igualdad de género en diversos aspectos de la sociedad actual.

La huelga general
(1926)

La huelga general del Reino Unido de 1926 fue una huelga laboral de nueve días. Participaron en ella más de 1,7 millones de trabajadores. El objetivo de esta huelga era obligar al gobierno a intervenir para evitar las reducciones salariales y el empeoramiento de las condiciones de los mineros del carbón. La huelga tuvo muchos partidarios, entre ellos activistas obreros, el Partido Laborista e incluso el Partido Comunista de Gran Bretaña. La huelga se recuerda como un ejemplo significativo de las acciones de los trabajadores para conseguir mejores condiciones de trabajo. A continuación se presentan diez datos interesantes sobre la huelga general.

781. **La huelga general de 1926 fue un acontecimiento de nueve días que comenzó el 4 de mayo y tuvo lugar en gran parte del Reino Unido.**

782. **Fue organizada por los sindicatos de mineros del carbón para protestar** por los recortes salariales y las malas condiciones de trabajo.

783. **Los mineros del carbón contaron con el apoyo de muchos sectores industriales,** incluidos mineros, trabajadores del transporte, impresores y estibadores.

784. **Participaron más de tres millones de personas,** lo que la convirtió en una de las mayores huelgas de la historia y la primera de este tipo en Inglaterra.

785. **El primer ministro Stanley Baldwin convocó una reunión de emergencia del Parlamento,** donde hizo propuestas como el aumento de los salarios. Sin embargo, sus propuestas no fueron aprobadas, ya que no eran suficientes para los huelguistas.

786. **Después de nueve días de huelga, el gobierno usó tropas para romper los piquetes y llevar suministros a algunas ciudades como Londres.** Algunos de los huelguistas eran estibadores y personas que trabajaban en los canales y ferrocarriles. Estas personas eran necesarias para abastecer la ciudad.

787. **A pesar de su gran magnitud, la violencia durante la huelga fue mínima. La mayor parte de ella se debió a la acción policial contra los manifestantes** o a los ataques de los huelguistas contra propiedades o empresas consideradas **«esquiroles»** (aquellas que seguían funcionando a pesar de que se les había pedido que no lo hicieran).

788. Curiosamente, **el rey Jorge V estaba de acuerdo con muchas de las reivindicaciones de los mineros,** pero no tenía poder para hacer nada contra la huelga. Célebremente dijo a los políticos contrarios a la huelga: «Intenten vivir con sus salarios antes de juzgarlos».

789. **El ministro de hacienda Winston Churchill estaba muy en contra de la huelga** e instó **al primer ministro Stanley Baldwin** a tomar medidas contundentes. **Baldwin se negó** y la huelga terminó de forma relativamente pacífica.

790. **Finalmente, las negociaciones entre empresarios y dirigentes sindicales llevaron a ambas partes a acordar algunas mejoras,** como la fijación de salarios mínimos y la reducción del número de horas de trabajo a la semana. Los líderes sindicales lograron pocos avances en materia de aumentos salariales.

La Gran Depresión
(1929 - 1939)

La Gran Depresión fue un colapso económico mundial que golpeó con especial dureza a los países industrializados de Europa y Norteamérica. La depresión tuvo muchas causas, algunas de las cuales tuvieron su origen en **la Primera Guerra Mundial y en la especulación desenfrenada con las acciones.** La chispa que desencadenó **la Gran Depresión comenzó en Nueva York y se extendió rápidamente por el mundo industrializado**, causando sufrimientos indecibles y el auge del autoritarismo en Europa. A continuación, se presentan veinte datos sobre este importante momento de la historia.

791. **La depresión comenzó cuando la Bolsa de Nueva York inició una serie de fuertes caídas entre el 24 y el 29 de octubre.** El 29 de octubre se considera generalmente el día del **gran colapso de Wall Street de 1929.** La Bolsa perdió más de la mitad de su valor.

792. **Tanto en el Reino Unido como en Estados Unidos, se podían comprar acciones «al margen», es decir, con dinero prestado.** Debían pagar el préstamo si las acciones subían. Si las acciones bajaban, tenían que pagar el préstamo y cualquier pérdida.

793. **Muchas personas compraron acciones de esta manera.** Pero cuando los bancos reclamaron sus márgenes, muy pocas personas pudieron devolverlos, lo que provocó la quiebra de los bancos.

794. **Muchas acciones de empresas perdieron su valor.** Demasiadas personas poseían acciones. **Miles de empresas quebraron en EE. UU., el Reino Unido** y en todo el mundo.

795. **Como tanta gente perdió dinero,** había poco para invertir. **Muchas empresas que dependían de las inversiones no podían seguir pagando a todos sus trabajadores.** Las áreas industriales, como **la minería del carbón y el transporte,** fueron las más afectadas.

796. **La ralentización de la economía hizo que la gente comiera menos, lo que afectó a la agricultura.** La desaparición de las granjas contribuyó al hambre en todo el mundo, incluida **Gran Bretaña.**

797. Aunque **la Gran Depresión** comenzó con **el colapso de Wall Street en Nueva York, no se sintió de forma grave en Gran Bretaña** hasta unos meses después.

798. **Aunque hubo depresiones económicas en Gran Bretaña y Estados Unidos,** todas ellas fueron leves y de corta duración en comparación con **la Gran Depresión.**

799. Antes de que comenzara la Gran Depresión, **Gran Bretaña y gran parte de Europa habían comenzado a importar muchos productos estadounidenses.** Gran Bretaña era un **exportador neto,** es decir, vendía más de lo que compraba en el extranjero.

800. **Durante este periodo, las exportaciones estadounidenses a Europa disminuyeron mucho,** lo que afectó a la economía. Gran Bretaña también vendía sus bienes en todo el mundo, pero nadie podía permitirse comprarlos, **lo que provocó el empeoramiento de la economía británica.**

801. **El veinte por ciento de la población activa del Reino Unido estaba en paro en 1933,** la cifra más alta de la historia hasta ese momento. **Más de tres millones de personas no tenían trabajo.**

802. **El Reino Unido contaba con un seguro de desempleo desde 1911,** mucho antes que Estados Unidos, que lo introdujo en 1932.

803. **Las grandes zonas industriales como Liverpool y el sur de Gales experimentaron un desempleo más alto que el resto del país,** alcanzando cerca del 33 por ciento de la población adulta.

804. **La delincuencia aumentó en Gran Bretaña durante la depresión.**

805. **La aristocracia y la alta burguesía inglesas temían que la persistente depresión provocara una revolución.** En Alemania, **Hitler tomó el poder a principios de 1933.** En otros países europeos comenzaron movimientos de extrema izquierda y derecha.

806. Oswald Mosley, un antiguo diputado de clase alta, fundó la Unión Británica de Fascistas en 1932. Visitó **la Italia fascista y la Alemania nazi** en busca de apoyo.

807. El partido de Mosley nunca gozó de gran popularidad, pero tenía muchos simpatizantes en Londres, lo que hacía que el partido pareciera más grande de lo que era. **Mosley fue encarcelado en 1940 por traición y pasó toda la Segunda Guerra Mundial en prisión.**

808. En 1931, el gobierno comenzó una serie de reformas bancarias, empresariales y económicas que iniciaron lentamente la recuperación de la depresión.

809. Desafortunadamente para el Reino Unido, la Gran Depresión no había terminado del todo cuando comenzó la Segunda Guerra Mundial, en septiembre de 1939.

810. Después de la Segunda Guerra Mundial, diversos factores, entre ellos la inmensa deuda que Gran Bretaña había adquirido al pedir prestados miles de millones a EE.UU. durante la guerra, hicieron que la década de 1940 fuera una época de continuo sufrimiento económico para mucha gente.

La Segunda Guerra Mundial
(1939 - 1945)

La Segunda Guerra Mundial fue un conflicto que causó más de ochenta millones de muertos en todo el mundo. A continuación, se presentan cuarenta datos interesantes sobre las personas y los acontecimientos que dieron forma a la guerra, desde **las potencias aliadas** (lideradas por Estados Unidos, el Reino Unido, la Unión Soviética, Francia y China) hasta **las potencias del eje** (lideradas por Alemania, Italia y Japón). **Las estrategias y las armas avanzadas fueron clave para ganar la guerra.** También se exploran las pérdidas sufridas por cada bando y **el importante papel que desempeñaron las mujeres en el esfuerzo bélico.**

811. **Adolf Hitler se convirtió en el líder de Alemania en 1933.**

812. **La Alemania nazi fue responsable del inicio de la Segunda Guerra Mundial en Europa** cuando invadió Polonia el 1 de septiembre de 1939.

813. **En mayo de 1940, Hitler invadió Europa occidental, conquistando Francia, Bélgica y Holanda.** Las tropas británicas se vieron obligadas a retirarse alrededor del puerto francés de Dunkerque.

814. **Alrededor de 850 barcos privados zarparon hacia Dunkerque para rescatar a los soldados atrapados allí.** La marina también llegó para ayudar en las tareas de rescate. **Dunkerque es una de las grandes historias de la guerra.**

815. **La Armada Naval seguía dominando las aguas, especialmente cerca de Europa y Medio Oriente.** Una de las **razones por las que Italia se unió a Hitler es que quería obtener el control del Mediterráneo y del canal de Suez.** Sobre el papel, Italia tenía una armada muy fuerte.

816. **Al mismo tiempo que Hitler invadía Francia, Winston Churchill se convertía en primer ministro de Gran Bretaña.**

817. Mucha gente dudaba que alguien pudiera desempeñar con éxito el cargo de primer ministro durante esta época tan intensa de la historia. Sin embargo, **Churchill estuvo a la altura de las circunstancias y creó el cargo de ministro de defensa.**

818. **Churchill tuvo la idea de las tropas comando** (lo que hoy llamamos «fuerzas especiales») porque **había sido capturado por una unidad especial bóer llamada** *kommandos*.

819. **Los comandos realizaban incursiones a lo largo de las costas de Europa, con la esperanza de provocar que Hitler desplegara sus fuerzas para defender la larga línea costera.** También trabajaban para obtener información y dar esperanza a la población del Reino Unido y Europa.

820. **La batalla de Inglaterra, en 1940, fue el intento de Alemania de dominar los cielos del canal de la Mancha** y la costa sur de Inglaterra. Alemania quería invadir el país.

821. **A pesar del mayor número de aviones alemanes, la RAF («***Royal Air Force***») británica disfrutó de muchas ventajas,** como el desarrollo más temprano del radar. Además, los aviones británicos consumían menos combustible que los alemanes porque volaban sobre su patria.

822. **Los famosos pilotos de caza, héroes de la RAF, fueron conocidos como «los pocos» a partir de un discurso de Churchill** en el que les agradeció su servicio y sacrificio.

823. **Durante la guerra, las mujeres asumieron trabajos que antes habían realizado los hombres.** Muchos hombres lucharon en la guerra, dejando puestos de trabajo vacantes que necesitaban ser cubiertos. Las mujeres producían armas u otros artículos necesarios para el esfuerzo bélico del país.

824. **Durante la Segunda Guerra Mundial, muchos países sufrieron escasez de alimentos debido al racionamiento.** Esta medida significaba que había acceso limitado a ciertos productos como azúcar, mantequilla y café. Sin embargo, se podía obtener suficiente sustento gracias a programas como **la campaña británica «***dig for Victory***» (cava para la victoria),** que animaba a los ciudadanos a cultivar sus propias verduras en casa.

825. **Gran Bretaña dependía del petróleo de Asia y Medio Oriente** para su esfuerzo bélico. Por lo tanto, se enviaron grandes ejércitos, aviones y muchos barcos a esas zonas para defenderlas. **Había más soldados británicos en el extranjero que defendiendo la propia Gran Bretaña.**

826. **Las tropas italianas en el norte de África fueron derrotadas por los británicos, lo que obligó a Hitler a intervenir. En 1941**, envió a uno de sus mejores generales, Erwin Rommel, con tanques e infantería para enfrentarse a los británicos. **La fuerza de Rommel se llamó Afrika Korps.**

827. Durante casi dos años, **británicos y alemanes lucharon en el norte de África**. El punto de inflexión en la batalla fue **la victoria británica en El-Alamein en Egipto.**

828. **En junio de 1941, Hitler invadió la Unión Soviética (URSS).** Fue la mayor invasión de la historia. **De la noche a la mañana, la URSS pasó de ser una nación a la que Gran Bretaña trataba con recelo a ser un aliado.** Aunque el Reino Unido atravesaba sus propios problemas, los británicos enviaron muchos suministros de guerra a la URSS.

829. **Los alemanes habían desarrollado en 1926 una compleja máquina de códigos que creían indescifrable. La máquina Enigma** permitía a los comandantes alemanes comunicarse sin temor a que los enemigos descifraran sus mensajes, lo que condujo a algunas victorias importantes.

830. **Para combatir la máquina Enigma, los descifradores de códigos británicos utilizaron una máquina avanzada desarrollada en Bletchley Park (Inglaterra) conocida como Colossus en 1941.** Esta máquina podía descifrar mensajes con tanta rapidez que proporcionaba valiosa información sobre movimientos de tropas o submarinos, de modo que Inglaterra podía planear un ataque con antelación.

831. **Hitler era aliado de Japón. Cuando los japoneses atacaron a la marina estadounidense en Pearl Harbor,** Hawai, a finales de 1941, Hitler declaró la guerra a EE. UU.

832. **Al mismo tiempo que Japón atacaba Pearl Harbor, los japoneses atacaron las colonias británicas, estadounidenses y holandesas en Asia. Singapur, Malasia, Hong Kong y Birmania** fueron conquistadas. Solo una parte de Birmania siguió siendo británica.

833. **Las Indias Orientales Holandesas** también fueron **conquistadas por los japoneses, al igual que Filipinas y las islas de Wake y Guam.**

834. **Cuando Estados Unidos entró en guerra, ya había suministrado a Gran Bretaña armas, municiones, alimentos y muchos otros materiales de guerra.** Los estadounidenses ayudaron a los británicos a defender sus rutas de suministro en el mar y **lucharon contra los alemanes en África.**

835. **En noviembre de 1942, las tropas estadounidenses desembarcaron en el oeste de África del Norte, empujando a los alemanes y sus aliados hacia el este**. Mientras tanto, los británicos empujaron a los alemanes hacia el oeste. En el verano de 1943, alemanes e italianos se retiraron del norte de África para defender Italia.

836. **En 1943, las fuerzas estadounidenses y británicas conquistaron la isla italiana de Sicilia y luego invadieron la Italia continental.** En general, los británicos avanzaron por la costa este de Italia mientras que los estadounidenses lo hicieron por la costa oeste.

837. **La campaña italiana fue idea de Churchill.** Esperaba que las tropas aliadas pudieran avanzar a través de Italia hacia el sur de Alemania. **Fue una mala idea** por muchas razones. Al final de la guerra, las tropas aliadas seguían luchando en Italia.

838. **La batalla de Monte Cassino** tuvo lugar del 17 de enero al 18 de mayo de 1944. Las fuerzas aliadas **lograron romper las líneas alemanas** tras un asedio de meses. **Esta batalla se considera una de las más sangrientas de la Segunda Guerra Mundial**, con más de cincuenta y cinco mil bajas aliadas y unas veinte mil alemana.

839. Cuando Roma fue conquistada, en junio de 1944, estaba claro que Gran Bretaña había pasado a un segundo plano en la guerra. Estados Unidos suministraba más hombres, equipos y dinero al esfuerzo bélico. Con algunas excepciones, los británicos tuvieron que seguir las ideas de los estadounidenses durante el resto de la guerra.

840. El 6 de junio de 1944, **las tropas aliadas viajaron de Inglaterra a Normandía, Francia, en la invasión del Día D**. El Día D fue el comienzo del intento aliado de liberar el noroeste de Europa.

841. Mientras sucedía el Día D, los británicos combatían los ataques japoneses en Birmania y en la frontera oriental de la India.

842. Aunque las fuerzas británicas e imperiales (principalmente Australia, Nueva Zelanda e India) lucharon en el Pacífico, **el mayor esfuerzo británico fue contra los nazis en Europa.** Los nazis representaban una amenaza mayor para la propia Inglaterra.

843. **Muchos refugiados de la Europa dominada por los nazis huyeron a Inglaterra.** Muchos de ellos formaron unidades del ejército, comandos y fuerzas aéreas para ayudar a recuperar sus países de origen. **Muchas de las tropas imperiales que luchaban en Europa eran neozelandeses, canadienses e indias.**

844. Otro grupo de refugiados, algunos de ellos judíos alemanes, sabían cómo era la vida en Alemania y en la Europa ocupada. **Se convirtieron en espías o agentes de inteligencia durante la guerra.**

845. El más famoso de **los movimientos de resistencia con base en Inglaterra fue la Resistencia Francesa,** liderada por el futuro presidente francés y héroe de la Primera Guerra Mundial **Charles de Gaulle.**

846. **En la primavera de 1945, Hitler había sido derrotado.** Alemania y Berlín, su capital, quedaron divididas en cuatro zonas de control. **Estados Unidos, el Reino Unido, Francia y la URSS tomaron el control de cada una de las zonas. El sector británico estaba en el noreste**, y el sector británico de Berlín estaba entre los franceses en el norte y los estadounidenses en el sur.

847. **Los territorios británicos recuperaron su control con la rendición de Japón a finales del verano de 1945.** Pocos años más tarde, muchos de estos territorios lucharon contra los británicos para lograr su independencia.

848. **Más de ochenta millones de personas murieron durante la Segunda Guerra Mundial, convirtiéndola en una de las más mortíferas de la historia.** Aunque Gran Bretaña sufrió pérdidas económicas y personales, solo **perdió unos 450.000 hombres en la guerra.** Otros países tuvieron un número de muertos mucho mayor.

849. **Aunque la Primera Guerra Mundial había debilitado a Gran Bretaña, este seguía siendo considerado como uno de los países más fuertes de la Tierra.** Cuando terminó la Segunda Guerra Mundial, en cambio, todos sabían que **el tiempo de Gran Bretaña como superpotencia mundial había terminado.**

850. **La mayoría de los historiadores coinciden en que si Gran Bretaña no hubiera resistido a Hitler en 1940, la guerra habría terminado en una paz negociada** que hubiera dejado a Hitler el poder de toda Europa. También es plausible que la guerra hubiera continuado durante muchos años más.

El estado del bienestar
(1946 - 1979)

Antes de que terminara la Segunda Guerra Mundial, el pueblo británico votó a favor de la destitución de Winston Churchill, a pesar de que le tenían un gran respeto. **Lo consideraban un gran líder de guerra, pero creían que era demasiado conservador para abordar los cambios que muchos querían** en el Reino Unido. Tras la Segunda Guerra Mundial, **el gobierno británico puso en marcha reformas sociales que pasaron a denominarse colectivamente el estado del bienestar.** El objetivo de este sistema era proporcionar seguridad económica y servicios de bienestar social a los ciudadanos de Inglaterra, Escocia, Gales e Irlanda del Norte.

A pesar de que **en 1979** se produjo un brusco alejamiento del **estado del bienestar,** los cambios introducidos en este periodo fueron un gran paso adelante para la justicia social. **Proporcionaron una red de seguridad para las personas necesitadas,** redujeron la pobreza y la desigualdad y mejoraron el nivel de vida de los ciudadanos. A continuación, se presentan veinte datos interesantes sobre **el estado del bienestar.**

851. **El estado del bienestar fue un periodo de reforma social en el Reino Unido entre** 1946 y 1979. Comenzó con **el primer ministro laborista Clement Attlee** en 1946.

852. Durante este periodo, **el gobierno creó medidas para mejorar los servicios públicos y la seguridad social,** como el **Servicio Nacional de Salud** (NHS, por sus siglas en inglés).

853. **Con el estado del bienestar se ampliaron las prestaciones por desempleo y** se introdujo el seguro nacional para proteger contra la enfermedad y la pobreza en la vejez.

854. **Durante este periodo también se introdujeron subsidios públicos para la alimentación, el combustible y la renta.** Otras reformas incluyeron medidas para combatir la discriminación por motivos de raza y sexo.

855. **El gobierno aumentó gradualmente el gasto en servicios públicos** como salud, educación y vivienda.

856. **La educación pública pasó a ser gratuita en todos los niveles, hasta el universitario,** en virtud de la Ley de Educación de 1944. Sin embargo, no hay que confundirse. Incluso hoy en día los **colegios privados y academias de Gran Bretaña se llaman «colegios públicos».**

857. La Ley de Educación de 1944 facilitó la escolarización de las niñas y de los hijos de familias obreras.

858. Se crearon planes de subsidio de vivienda para ayudar a la gente a comprar sus propias casas o alquilar propiedades a precios accesibles. En la mayoría de las ciudades británicas se iniciaron **proyectos de construcción de viviendas denominados** *«council homes»* o *«council tenancies»* (alquileres conciliados) para proporcionar viviendas accesibles.

859. Muchas bandas de rock británicas famosas de los años 60 y 70 cantaban sobre lo mala que era la vida en los proyectos municipales.

860. En 1948, **Gran Bretaña puso en marcha el Servicio Nacional de Salud** (NHS), que proporcionaba asistencia sanitaria universal. Los tratamientos médicos se financiaban con impuestos y no con pagos individuales.

861. Durante un tiempo **después de la guerra, las recetas médicas eran gratuitas**, pero por diversas razones, entre ellas un cambio de gobierno, **se empezaron a cobrar** la mayoría de los medicamentos recetados.

862. En 1952, **Londres se vio afectada por el gran smog, una nube de espesa contaminación. La Ley de Aire Limpio de 1956 reguló las emisiones de humo** de los edificios industriales. En 1961 se introdujeron nuevas leyes relativas al suministro de agua limpia.

863. La Ley de Salud Mental de 1959 otorgó más derechos a las personas con problemas de salud mental. La Ley del Aborto de 1967 legalizó el aborto en determinadas condiciones.

864. La Ley de Reforma Sindical de 1968 liberó a los sindicatos del control estatal y les permitió negociar aumentos salariales para sus afiliados.

865. **A partir de 1969, se implantó la educación integral en toda Gran Bretaña**, lo que proporcionó igualdad de acceso a la educación para todos los niños, independientemente de su capacidad o de su origen racial o económico.

866. **La Ley de Relaciones Laborales de 1971 protegió los derechos de los trabajadores** mediante el reconocimiento legal de los sindicatos y la introducción de directrices sobre la jornada laboral y la indemnización por despido.

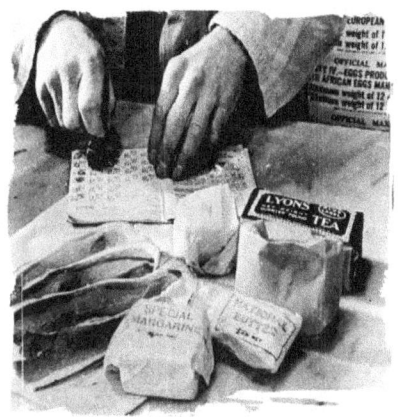

867. **Durante esta época, los británicos desarrollaron una reputación de tener malas dentaduras.** Esto se debía en parte a que dos de los productos más baratos en la Gran Bretaña de la posguerra eran el azúcar y la harina. **Mucho pan, mermelada y azúcar se convertían en muchas caries.**

868. Durante este periodo **también se tomaron medidas para reducir la pobreza,** como la introducción de un salario mínimo nacional.

869. **Muchas de estas leyes y planes fueron más eficaces sobre el papel que en la realidad. La burocracia** (es decir, normas innecesarias, papeleo y falta de dirección) ralentizó el progreso o hizo que los cambios fueran ineficaces.

870. A pesar de ampliar el alcance del gobierno en la vida cotidiana, **a los británicos les costó recuperarse de la Segunda Guerra Mundial.** Debían mucho dinero, muchos hombres habían muerto o resultado heridos **y los bombardeos alemanes habían causado grandes daños.** Para muchos británicos, los años de posguerra fueron más duros económicamente que los de la misma guerra.

La crisis de Suez
(1956)

La crisis de Suez fue un importante acontecimiento internacional que marcó la política **mundial** durante décadas. Aquí están **las acciones políticas y militares** de los principales actores implicados y **el papel de la ONU en la resolución de algunas de las repercusiones** económicas y políticas duraderas de este acontecimiento. A continuación, se presentan diez hechos importantes sobre este momento de la historia.

871. **La construcción del canal de Suez inició en 1869 bajo la dirección del ingeniero francés Ferdinand de Lesseps.** Se terminó en 1875.

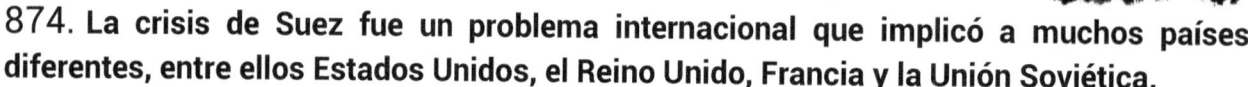

872. **La crisis de Suez tuvo lugar en 1956.** Fue un conflicto entre **Egipto e Israel,** este último acababa de convertirse en un nuevo país.

873. **En el momento de la crisis, el canal era propiedad de la Suez Canal Company, una empresa privada con sedes en Gran Bretaña y Francia.**

874. **La crisis de Suez fue un problema internacional que implicó a muchos países diferentes, entre ellos Estados Unidos, el Reino Unido, Francia y la Unión Soviética.**

875. **Los problemas comenzaron cuando Egipto nacionalizó el canal de Suez, que era una ruta marítima vital entre el Mediterráneo y el mar Rojo.**

876. Esta medida fue vista como un acto de agresión por parte de Israel, que **invadió Egipto.**

877. **Las fuerzas británicas y francesas tomaron el control del canal de Suez,** del que ambas naciones dependían para abastecerse desde Medio Oriente y Asia.

878. **La crisis tuvo efectos de gran alcance, como el fortalecimiento de las Naciones Unidas como fuerza de mantenimiento de la paz**, el auge del nacionalismo árabe y el debilitamiento de las potencias europeas. También hizo que **Estados Unidos y la Unión Soviética se implicaran más en los asuntos del cercano Oriente.**

879. Por diversas razones, entre ellas las **serias amenazas de la Unión Soviética por la posesión británica y francesa** del canal, **Estados Unidos presionó a ambos países para que retiraran sus tropas de la zona del canal.** Muchos historiadores consideran que la aceptación de Gran Bretaña y Francia de las exigencias estadounidenses fue un signo más del declive del poder y la influencia de estas naciones.

880. **El canal de Suez sigue siendo una importante vía fluvial en la actualidad.** Es una de las rutas marítimas más transitadas del mundo.

La descolonización
(1947 - 1966)

El complejo proceso de descolonización de Gran Bretaña tuvo lugar a mediados del siglo XX. En este periodo, muchos países que habían sido **gobernados por Gran Bretaña obtuvieron la independencia**. A continuación, se presentan quince datos interesantes que muestran cómo la descolonización cambió la faz del mundo.

881. **La descolonización es el proceso de liberación de los países del control de las potencias coloniales.** Ocurrió principalmente a mediados del siglo XX, aunque algunos países se liberaron más tarde. Por ejemplo, **Gran Bretaña devolvió el control de Hong Kong a China solo hasta 1997.**

882. **Aunque el imperialismo y la colonización implicaban que las personas fueran tratadas a menudo como ciudadanos de segunda clase**, también proporcionaba protección por parte de una potencia más fuerte.

883. **La descolonización tuvo lugar principalmente en Asia y África.**

884. **Muchos países experimentaron disturbios civiles durante la descolonización.** En algunas zonas se produjeron protestas y revueltas violentas.

885. **El país más destacado que obtuvo la independencia durante la descolonización fue la India,** en 1947.

886. **La India fue el país más importante que se independizó de Gran Bretaña durante la descolonización**, aunque posteriormente se dividió en dos países: **India y Pakistán**. Más tarde, en 1971, Pakistán se dividió en dos, dando origen a un nuevo país llamado **Bangladesh**.

887. Probablemente la figura más famosa del periodo de descolonización fue **Mahatma Gandhi, un abogado indio** que predicó una política de protesta no violenta que evitó mucho derramamiento de sangre en el proceso de **independencia de la India.** Gandhi influyó en muchos otros activistas, incluido **Martin Luther King Jr.**, en Estados Unidos.

888. La rebelión *Mau Mau* tuvo lugar en Kenia entre 1952 y 1960. Aunque fue finalmente derrotada y dio lugar a una brutalidad generalizada por parte de ambos bandos, Kenia se convirtió en una nación independiente en 1963.

889. Otros países africanos que **se independizaron de Gran Bretaña fueron Zimbabue, Namibia, Gambia y Camerún.**

890. En 1956 comenzó la primera gran oleada de descolonización **con la independencia de Sudán y Malasia.**

891. A principios de la década de 1970, el Imperio británico era una cáscara de lo que había sido. Se formó la *Commonwealth* Británica, **que comprende las antiguas colonias británicas y los territorios estrechamente vinculados al Reino Unido.**

892. Entre 1979 y 1990, **el Reino Unido concedió la independencia a Belice, Dominica, Kiribati, las Islas Salomón, Santa Lucía, San Vicente y las Granadinas y Vanuatu.**

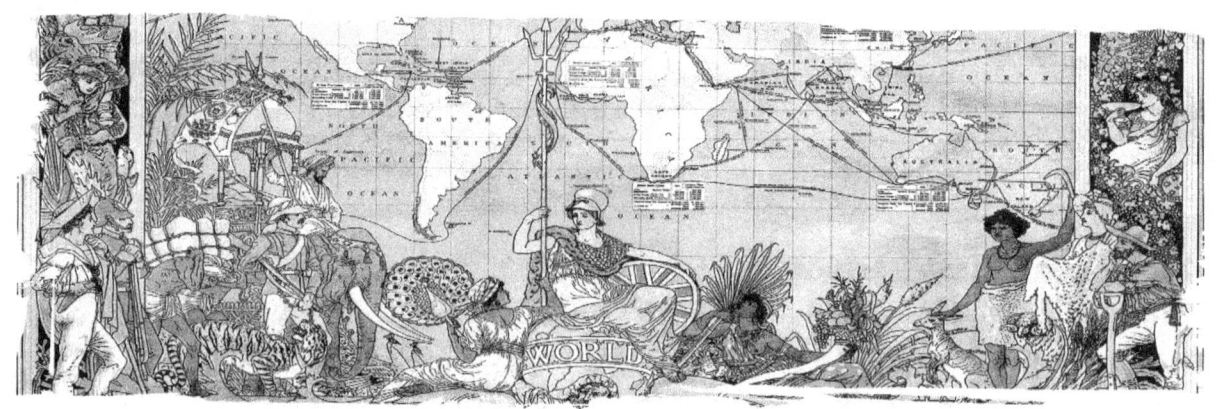

893. En su apogeo, a principios del siglo XX, el Imperio británico contaba con cincuenta y siete territorios. La mayoría de ellos son ahora independientes. En la actualidad, hay **catorce territorios de ultramar que son posesiones británicas**, aunque la mayoría de ellos gozan de gran independencia.

894. Aunque el imperialismo europeo y británico fue injusto y opresivo en muchos aspectos, hubo una serie de avances que beneficiaron a la población, como las modernas infraestructuras y los nuevos sistemas educativos.

895. En 2023, todavía existen catorce territorios británicos en ultramar. La mayoría son pequeñas islas en el Atlántico, pero hay dos en el Pacífico y el Territorio Antártico Británico.

La cultura británica después de la Segunda Guerra Mundial: Música, cine y más

Durante la Primera Guerra Mundial y hasta la década de 1940, la cultura estadounidense tuvo un gran impacto en la cultura popular británica. En esta sección, se puede ver cómo se extendió y cómo **los británicos hicieron suya la música rock en la década de 1960.** También se encuentra información sobre famosos actores, películas y programas de televisión británicos.

896. **Con la invención de la radio y la distribución mundial de los periódicos, el mundo se hizo más pequeño que nunca.** Para Gran Bretaña, eso significó nuevas ideas en moda, música y otras formas de arte.

897. **Antes de la Primera Guerra Mundial, gran parte del entretenimiento en el Reino Unido se había originado allí mismo,** pero con la radio y el **enorme número** de tropas **americanas** en **Inglaterra** y **Francia** durante **la Primera Guerra Mundial, la música** y la cultura norteamericanas **se extendieron por toda Europa occidental.**

898. **El primer género de música estadounidense que cautivó a los ingleses fue el jazz.** Durante esta época surgieron muchas bandas de jazz británicas. Realizaban giras por todo el país, **tocando sobre todo canciones norteamericanas** y utilizando la jerga estadounidense en sus letras.

899. **La música jazz tiene sus raíces en la cultura afroestadounidense,** lo que permitió a los británicos conocer por primera vez esta cultura.

900. **Muchos músicos afroestadounidenses se trasladaron a Inglaterra** y otras partes de Europa occidental, donde la discriminación contra ellos era mucho menos drástica. Sin embargo, seguía existiendo.

901. **En las décadas de 1930 y 1940, se popularizó un nuevo tipo de música llamada** *swing.* La música *swing* era más rápida y organizada, además de ser muy divertida de bailar.

902. **La música y las películas norteamericanas marcaron el comienzo de una nueva era de la moda en Gran Bretaña,** especialmente en Inglaterra. No todos los británicos aprobaban estos cambios. **Al igual que en Estados Unidos, muchas personas mayores y conservadoras creían que el jazz y la música** *swing* **conducían a la actividad sexual, el consumo de droga**s, la bebida excesiva, la moda impúdica, etc.

903. **A finales de la década de 1920, Inglaterra tenía su propia y floreciente industria cinematográfica.** Las películas británicas se proyectaban en todo el mundo, especialmente en los territorios **del Imperio británico.**

904. **Muchos actores británicos se hicieron famosos en Estados Unidos.** Algunos eran considerados mejores actores que los estadounidenses. **Esto pudo deberse a que muchos de ellos se habían formado en el teatro,** interpretando a Shakespeare y otras obras clásicas.

905. **Laurence Olivier es considerado por muchos el mejor actor del siglo XX**. Protagonizó producciones británicas y estadounidenses.

906. **Una de las primeras películas populares a color fue la epopeya de la guerra civil estadounidense,** *Lo que el viento se llevó,* **que se estrenó en** diciembre de 1939. Mucha gente no sabe que tres de sus actores principales eran británicos: Vivien Leigh, Leslie Howard y Olivia de Havilland.

907. **Antes de la Segunda Guerra Mundial, fueron escritas algunas de las obras más populares de Broadway por el dramaturgo inglés Noel Coward.**

908. **Durante la Segunda Guerra Mundial, millones de estadounidenses acudieron a Inglaterra para prepararse para la invasión de Francia.** Influyó mucho su forma de vestir, **el chicle** (que era nuevo en Inglaterra), **la música y la jerga que usaban.**

909. **A principios de los años 50, llegó el** *rock and roll* **a Gran Bretaña procedente de Norteamérica, causando furor entre los jóvenes británicos que lo escuchaban en la radio.** Compraban discos importados de Estados Unidos.

910. **Cuatro ingleses que se enamoraron de la música norteamericana en esta época fueron John Lennon, Paul McCartney, George Harrison y Richard Starkey** (más conocido como Ringo Starr). Estos hombres formarían parte de **los Beatles,** quizá la banda de rock más popular de todos los tiempos.

911. **La música de Jamaica, territorio británico, también se hizo popular en esta época.** El *rock steady*, el ska y el reggae se hicieron muy populares en el Reino Unido, especialmente entre minorías étnicas británicas.

912. En 1962 y 1963, la *beatlemanía* se apoderó de Inglaterra y Escocia y luego se extendió por toda Europa y por los territorios británicos de ultramar, Canadá, Australia y Estados Unidos. **Cientos de miles de personas abarrotaron las calles y llegaron a los aeropuertos para ver a los Beatles.**

913. Los Beatles desataron un frenesí por cualquier música rock procedente de Inglaterra. Los Rolling Stones, The Who, The Kinks y Led Zeppelin fueron solo cuatro de los múltiples grupos y artistas que formaron parte de lo que en Estados Unidos se llamó la invasión británica.

914. Los músicos de rock protestaban contra lo que veían a su alrededor en los años sesenta y principios de los setenta. A mediados de los setenta, parecía que la música popular ignoraba los problemas de la vida en los suburbios y en los centros urbanos, especialmente en el mundo anglosajón.

915. Por ello, el punk rock comenzó a finales de los 70, tanto en el Reino Unido como en Estados Unidos. La música y la moda punk y el comportamiento escandaloso que acompañaba a este género impactaron a mucha gente. Aunque hubo muchos grupos británicos de punk rock influyentes, el más famoso fue Sex Pistols.

916. Una de las canciones más populares de los Sex Pistols fue «*God Save the Queen*» (*Dios salve a la reina*). Esta canción **criticaba duramente a la reina Isabel, al gobierno y a la aristocracia británicos.** La canción y el disco en el que se incluía fueron prohibidos en la radio. Sin embargo, **vendió más que ningún otro disco en Inglaterra ese año.**

917. El *New wave* (nueva ola) surgió en el Reino Unido y Estados Unidos a raíz de algunos de los cambios que se estaban produciendo en la música y la tecnología. Muchos grupos británicos de *new wave*, como **Depeche Mode, Echo and the Bunnymen y The Cure,** se hicieron inmensamente populares en Gran Bretaña y Estados Unidos.

918. En las décadas de 1990 y 2000, muchas películas inglesas se hicieron populares en todo el mundo. Algunas de ellas son *About a Boy, Notting Hill, Bridget Jones's Diary* y *Snatch.*

919. Las representaciones de la vida aristocrática en Gran Bretaña se hicieron populares en las décadas de 1990 y 2010 con películas y programas de televisión como *Remains of the Day* y *Downton Abbey.*

920. En la década de 1970, **las comedias británicas populares, como *Benny Hill Show*** o la divertidísima ***Monty Python's Flying Circus,*** se convirtieron en grandes éxitos en Estados Unidos.

Los años de Thatcher
(1979 - 1990)

Los años Thatcher fueron una época de grandes cambios y reformas en Gran Bretaña. Este período debe su nombre a **la primera ministra Margaret Thatcher.** Su apodo era la **«dama de hierro»** por su dureza y determinación. El **«thatcherismo» pretendía reducir el papel del Estado, privatizar las industrias nacionalizadas y desregular la economía.** A continuación, se presentan veinte datos sobre los numerosos cambios que se produjeron durante la etapa de Thatcher como primera ministra.

921. **Margaret Thatcher procedía del Partido Conservador.** Se convirtió en **la primera mujer con el cargo de primer ministro de Gran Bretaña** el 4 de mayo de 1979.

922. **Thatcher y el Partido Conservador estaban decididos a hacer retroceder muchos de los programas financiados por el Estado que habían comenzado en los años** posteriores a la Segunda Guerra Mundial. Creían que estos programas ahogaban la libre empresa y costaban demasiado dinero al gobierno.

923. **En 1981, los estadounidenses tenían a un conservador al mando, Ronald Reagan. Reagan y Thatcher coincidían en muchas cosas,** incluida la necesidad de enfrentarse con más fuerza a **la Unión Soviética.** La Unión Soviética se había vuelto más activa en 1980 e intentaba extender la ideología comunista.

924. Durante este periodo, **el gobierno británico y el estadounidense trabajaron para debilitar el control soviético de Europa del Este,** empezando por Polonia.

925. Durante los años de Thatcher se aprobó **la Ley de Nacionalidad Británica de 1981**, que permitía a los ciudadanos de los países de la *Commonwealth* británica tener los mismos derechos que los ciudadanos británicos.

926. **Durante los años de Thatcher se produjo un aumento de la inmigración en el Reino Unido,** que recibió personas procedentes de Asia, África y el Caribe que fueron a vivir y trabajar al Reino Unido.

927. **El 2 de abril de 1982, Argentina invadió las Islas Malvinas, posesión británica frente a la costa argentina.** Los argentinos creían que las islas les pertenecían, pero Gran Bretaña no estaba de acuerdo. Entre abril y junio, Argentina y el Reino Unido libraron una guerra por las islas. Ganaron los británicos.

928. **En los años de Thatcher se firmó el Acuerdo Angloirlandés de 1985,** que establecía una relación entre **el Reino Unido y la República de Irlanda**, la parte independiente del sur de la isla.

929. **En los años de Thatcher se inició la construcción del Túnel del Canal**, un túnel ferroviario que conecta Inglaterra con Francia.

930. **En los años de Thatcher también se promulgó la Ley de Medio Ambiente,** que establecía normas para proteger el medio ambiente.

931. **En los años de Thatcher se introdujo el currículo nacional,** que estandarizó la educación en todo el Reino Unido.

932. Durante los años de Thatcher, **el Reino Unido ayudó a crear el Acta Única Europea**, cuyo objetivo era crear una moneda única en Europa para 1997. El euro surgió gracias a esta ley.

933. **Durante los años de Thatcher se privatizaron muchos servicios e industrias públicos,** como la British Rail y la British Telecom.

934. **Los años de Thatcher fueron testigos de la introducción del impuesto de capitación,** un impuesto bastante alto que pagaba cada persona en el Reino Unido.

935. **Los años de Thatcher también fueron testigos de la introducción del derecho a comprar viviendas sociales**, que eran apartamentos y proyectos de viviendas que se podían alquilar a un precio relativamente barato. Estos cambios permitieron comprar viviendas con condiciones favorables.

936. **En 1984 se aprobó la Ley de Policía y Pruebas Penales.** Según ella, se establecieron normas para la policía en los asuntos penales.

937. **Al final de los años de Thatcher, el Reino Unido experimentó una disminución del desempleo y un aumento del nivel de vida**. Sin embargo, durante gran parte de la era Thatcher, el desempleo, la pobreza y la delincuencia fueron muy elevados en los centros de las ciudades.

938. **Los jóvenes británicos estaban divididos sobre el liderazgo de Thatcher.** Muchos en las ciudades creían que no se preocupaba por los pobres. La clase media-alta y la gente que vivía fuera de las ciudades la veían como la persona que podía restaurar el poder económico y la influencia de Gran Bretaña.

939. **Tras once años en el poder, Margaret Thatcher perdió una votación de apoyo en el Partido Conservador,** lo que provocó su dimisión y la elección del siguiente primer ministro, el **miembro del Partido Conservador John Major**.

940. **Thatcher y su legado siguen siendo odiados por muchos en el Reino Unido,** especialmente entre los pobres, las minorías y los liberales.

La guerra de las Malvinas
(1982)

La guerra de las Malvinas fue un conflicto entre Argentina y el Reino Unido que duró de abril a junio de 1982. **¿Por qué invadió Argentina las Islas Malvinas, controladas por los británicos?** ¿Cómo **recuperó las islas una fuerza naval británica?** A continuación, se presentan en detalle **las batallas libradas durante la guerra** y los efectos a largo plazo sobre **Gran Bretaña y Argentina** mediante veinte datos fundamentales.

941. **La guerra de las Malvinas fue un conflicto entre Argentina y el Reino Unido** que tuvo lugar entre abril y junio de 1982. Fue la primera guerra librada en el **Atlántico Sur** desde la Segunda Guerra Mundial.

942. **Las Islas Malvinas son un grupo de islas del océano Atlántico Sur** situadas a unas 930 millas de la costa este de Argentina.

943. **Las Islas Malvinas habían estado bajo control británico desde 1833.**

944. **Argentina había querido hacerse con el control de las islas** durante muchos años antes de que comenzara la guerra.

945. **El 2 de abril de 1982 comenzó la invasión argentina de las Islas Malvinas, que eran controladas por Gran Bretaña.**

946. **Argentina reclamó que las islas eran suyas y previamente las había bautizado como las Malvinas.**

947. **El gobierno británico ordenó el envío de una fuerza naval al océano Atlántico Sur para recuperar las islas.**

948. Se libraron muchas batallas importantes durante la guerra, incluyendo **la batalla de San Carlos Water, la batalla de Goose Green y la batalla de Mount Harriet.**

949. El 21 de mayo de 1982, un submarino británico hundió el crucero argentino General Belgrano. Esto marcó la mayor pérdida de vidas de esta guerra.

950. **Argentina se rindió el 14 de junio de 1982** y los británicos recuperaron el control de las islas.

951. **La guerra fue la primera victoria británica en un conflicto de ultramar desde el final de la Segunda Guerra Mundial.**

952. **Los británicos perdieron 255 hombres. Los argentinos, 649.** Tres isleños de las Malvinas y un civil británico también perdieron la vida durante la guerra.

953. **Los británicos tomaron prisioneros a la mayoría de las fuerzas de ocupación argentinas al final de la guerra.** Capturaron a más de once mil hombres, todos los cuales fueron liberados cuando terminó la guerra.

954. **Entre bastidores, Estados Unidos, el aliado más cercano de Gran Bretaña, advirtió a otras potencias, concretamente a la Unión Soviética**, que no se involucraran en el conflicto.

955. **Mucha gente criticó al gobierno británico por su decisión de enviar tropas a las islas Malvinas en lugar de intentar encontrar una solución diplomática.** Sin embargo, el mismo número de personas criticó a Argentina por invadir las islas.

956. **La guerra provocó tensiones que aún persisten entre Argentina y el Reino Unido.**

957. **La guerra fue un factor importante en las elecciones generales británicas de 1983, que devolvieron a Thatcher al poder.**

958. **La guerra fue cara para ambos bandos, pero Gran Bretaña podía permitirse el coste. Argentina no pudo.** Este fue un factor importante en **el colapso de la economía argentina** en la década de 1980 y el derrocamiento del gobierno militar.

959. **En 2013, se llevó a cabo una votación no vinculante o «referéndum» en las Malvinas.** Una gran mayoría votó a favor de seguir siendo territorio británico.

960. **En la actualidad, las Islas Malvinas siguen bajo control británico.** La población ha crecido considerablemente desde que terminó la guerra.

El Acuerdo de Viernes Santo
(1998)

Este capítulo explora la importancia del **Acuerdo de Viernes Santo y su impacto duradero en Irlanda del Norte**. A continuación, se presentan veinte datos sobre **el acuerdo y cómo se concibió para llevar la paz a la región**. También **cómo el acuerdo preveía la liberación de presos** y el establecimiento de actos y organizaciones de derechos humanos.

961. **Irlanda del Norte siguió formando parte de Gran Bretaña cuando el resto de Irlanda consiguió su independencia en 1921.** La mayoría de los habitantes del sur eran **católicos**. Una minoría significativa de Irlanda del Norte era **protestante**. Les preocupaba ser privados del derecho a practicar libremente su religión si Irlanda del Norte pasaba a formar parte de Irlanda.

962. **Desde finales de la década de 1960 hasta 1998, Irlanda del Norte atravesó un periodo de tiempo llamado «los problemas». Grupos paramilitares católicos y protestantes lucharon entre sí** en las calles de las ciudades norirlandesas, especialmente en la ciudad más grande, **Belfast**.

963. **Ciudades como Belfast llevaban décadas divididas extraoficialmente por motivos religiosos.** Durante los disturbios, **era peligroso para un católico estar en zonas protestantes** y viceversa.

964. **El ejército británico ejerció una presencia considerable en Irlanda del Norte durante los disturbios.** Las fuerzas británicas fueron acusadas por los católicos de cometer violaciones de derechos humanos. Aunque **el papel del ejército británico era mantener la paz**, a menudo luchaba contra grupos paramilitares y manifestaciones en las que había mujeres y niños.

965. **El Ejército Republicano Irlandés o «IRA», por sus siglas en inglés, fue el mayor grupo paramilitar católico de Irlanda del Norte.** A partir de 2023, su ala política, el **Sinn Fein,** es el mayor partido del territorio.

966. Existieron **muchos paramilitares protestantes, entre ellos la UDF o Fuerza de Defensa del Ulster, por sus siglas en inglés.**

967. **El Acuerdo de Viernes Santo se firmó en 1998.** Recibió este nombre por la festividad en la que se firmó, **el Viernes Santo**. Este acuerdo supuso **un gran avance en la historia de Irlanda del Norte**.

968. **El Acuerdo de Viernes Santo estableció el Consejo Ministerial Norte-Sur**. Este consejo permitió la cooperación entre los gobiernos de Irlanda del Norte e Irlanda del Sur.

969. **Irlanda del Norte obtuvo su propio parlamento y sus propios ministros, lo que le permitió una mayor independencia.**

970. **En virtud del acuerdo, los ciudadanos de Irlanda del Norte adquirieron el derecho a poseer pasaportes tanto británicos como irlandeses**, aunque no todos lo hacen.

971. **El Acuerdo de Viernes Santo trajo consigo la creación de la Comisión Única de Igualdad,** cuyo objetivo es promover la igualdad de todos los ciudadanos.

972. **Se establecieron garantías en relación con la lengua irlandesa y los derechos culturales.**

973. **Se liberó a los presos paramilitares y se creó el Servicio de Policía de Irlanda del Norte.** El cuerpo de policía estaba compuesto por católicos y protestantes.

974. Gracias a este acuerdo se creó **la Asamblea de Irlanda del Norte**, encargada de tomar decisiones sobre cuestiones como la atención sanitaria, la educación y el transporte.

975. **La Comisión Independiente sobre la Policía fue otro resultado del acuerdo. Este organismo** se encargó de reformar las fuerzas policiales de Irlanda del Norte.

976. **El Acuerdo de Viernes Santo también estableció un nuevo sistema de justicia penal en Irlanda del Norte.**

977. Gracias al Acuerdo del Viernes Santo, se pusieron en marcha **la Comisión de Derechos Humanos y la Comisión de Igualdad.**

978. **La paz se vio favorecida por la institución del poder ejecutivo de Irlanda del Norte**, responsable del funcionamiento cotidiano de la región.

979. **A pesar de las grandes mejoras, sigue habiendo tensiones entre los dos grupos religiosos en Irlanda del Norte,** sobre todo durante la llamada «**Temporada de Marchas**». Durante esta época, grupos protestantes conservadores y a veces extremistas celebran marchas en zonas católicas durante celebraciones religiosas, de abril a agosto.

980. **En 2023, en Irlanda del Norte surgen nuevas preocupaciones de todas las partes por la salida de Gran Bretaña de la Unión Europea.** Muchos en Irlanda del Norte temen que su economía se resienta. La mayoría de la población estaba en contra del Brexit.

Brexit
(2016 - 2023)

Ahora nos situamos en la actualidad. **Esta sección explora el Brexit: La decisión de Gran Bretaña de salir de la Unión Europea.** Se cubre **el referéndum, las negociaciones, la agitación política y el sentimiento de antiinmigración** a través de veinte hechos. Estos acontecimientos **tuvieron un gran impacto en la relación del Reino Unido con otros países**, así como en la vida de sus ciudadanos.

981. **La Unión Europea es una organización de veintisiete países** cuyas economías, políticas monetarias y muchas otras cosas están regidas **por la Comisión Europea,** el principal órgano de gobierno de la UE.

982. **Brexit es una palabra que describe la salida del Reino Unido de la Unión Europea (UE).** El nombre «Brexit» es una combinación de las palabras «británico» y «salida» en inglés.

983. **El movimiento Brexit comenzó en la década de 2010, cuando muchos británicos empezaron a sentir que su independencia económica y política se estaba perdiendo en favor de la UE.**

984. **Más de diecisiete millones de ciudadanos votaron a favor de abandonar la UE el 23 de junio de 2016. Alrededor de dieciséis millones votaron por quedarse.** Estas cifras pueden haber cambiado desde 2016, pero las opiniones sobre el Brexit en el Reino Unido siguen profundamente divididas.

985. **Quienes votaron a favor de abandonar la UE querían que el Reino Unido fuera más independiente.**

986. **El primer ministro británico, David Cameron, quería que el Reino Unido permaneciera en la UE.** Dimitió tras perder la votación.

987. **La primera ministra, Theresa May, desencadenó oficialmente el proceso del Brexit el 29 de marzo de 2017,** mediante el **artículo 50 del Tratado de Lisboa**, que cimentó muchas de las normas y políticas de la Unión Europea.

988. **Ambas entidades acordaron un periodo de transición** que permitió a las empresas británicas seguir comerciando con la UE hasta diciembre de 2020.

989. Las negociaciones entre el Reino Unido y la UE fueron difíciles y largas, pero finalmente Gran Bretaña abandonó la UE en 2020.

990. El Reino Unido tuvo que decidir cómo comerciar con la UE y otros países y cómo proteger los derechos de las personas de la UE que vivían en el Reino Unido.

991. A algunas personas del Reino Unido les preocupa que abandonar la UE les dificulte viajar, trabajar y vivir en otras partes de Europa.

992. Las nuevas normas propuestas para la inmigración a Gran Bretaña incluyen un programa de exención de visados para ciudadanos de países no pertenecientes a la UE.

993. La UE creó un paquete de ayuda financiera de 500 millones de euros para ayudar a los agricultores y pescadores a absorber las pérdidas a las que se enfrentaban por no poder comerciar fácilmente sus productos agrícolas con **el Reino Unido o por la prohibición de pescar en aguas británicas.**

994. Las empresas británicas deben pagar ahora costos adicionales (aranceles) para comerciar con otros países europeos. A los británicos les preocupa que los aranceles provoquen un aumento significativo de los precios.

995. La moneda británica, la libra, sufrió una pérdida significativa tras la aprobación del Brexit, principalmente porque el Reino Unido se enfrentaba a lo desconocido.

996. El Reino Unido ya no formará parte de la moneda única de la Unión Europea, lo que significa que la libra probablemente valdrá menos que el euro.

997. El Reino Unido dejará de formar parte de los sistemas político y económico de la Unión Europea, lo que significa que tendrá que encontrar nuevas formas de colaborar con otros países europeos. **Esto podría beneficiar al Reino Unido, porque podría permitir al país establecer sus propios acuerdos comerciales** sin someterse a la aprobación de la UE.

998. El Reino Unido ya no tiene que seguir las mismas leyes que otros países de la UE.

999. El Brexit podría acabar costando a la economía británica hasta 66.000 millones de libras al año, aunque las estimaciones oscilan entre 40.000 y 75.000 millones o más. Esto se debe a la pérdida de comercio y privilegios comerciales con la mayor parte de Europa.

1000. El Brexit fue y sigue siendo un gran tema en todo el mundo. Mucha gente está pendiente de cómo acabará, porque es innegable que **afectará a la economía mundial.**

Conclusión

Ha sido un viaje a través de siglos de historia. Se han explorado muchos acontecimientos que dieron **forma al Reino Unido**. Conocer la **historia de Inglaterra** es una tarea importante y fascinante. **Desde la conquista normanda hasta la Revolución Industrial** y más allá, el país ha sido moldeado por un rico y complejo conjunto de acontecimientos, figuras e ideas.

Explorar el pasado de Inglaterra proporciona una valiosa información sobre el desarrollo de sus sistemas políticos, sociales y económicos y sus contribuciones a la cultura mundial. Sus historias están llenas del drama y la intriga de la experiencia humana. No es de extrañar que **tantas personas se sientan cautivadas por el pasado de Inglaterra**; ¡ofrece tantos temas interesantes para estudiar!

Gracias por acompañarnos en este asombroso y polifacético viaje por la historia de Inglaterra. Esperamos haberle animado a aprender más sobre su historia.

Fuentes y referencias adicionales

1. Hines, John *Los anglosajones desde el periodo de la migración hasta el siglo XVIII: una perspectiva etnográfica*. Boydell and Brewer, 1997.

2. Stenton, Sir Frank M. *Inglaterra anglosajona*. Oxford University Press, 1971.

3. Barlow, Frank *El reino feudal de Inglaterra 1042-1216*. Routledge, 2002.

4. Gillingham, John. *La conquista normanda*. Routledge, 2002.

5. Bates, David. *Guillermo el Conquistador*. Yale University Press, 2009.

6. Keegan, John. *El rostro de la batalla*. Viking Press, 1976.

7. Barron, Caroline M. *El reinado de eduardo III: La corona y la sociedad política en Inglaterra, 1327-1377*. Yale University Press, 1990.

8. Bartlett, Robert. *Inglaterra bajo los reinados normandos y angevinos, 1075-1225*. Oxford University Press, 2000.

9. Hindley, Geoffrey. *Breve historia de la guerra de los Cien Años*. Robinson, 2006.

10. Vaughan, Richard. *La guerra de los Cien Años: Los ingleses en Francia, 1337-1453*. University of California Press, 1999.

11. Ross, Charles. *Las guerras de las rosas*. Thames and Hudson, 1976.

12. Bainton, Roland H. *La Reforma del siglo XVI*. Beacon Press, 1952.

13. Wernham, R. B. *La creación de la política exterior isabelina, 1558-1603*. Stanford University Press, 1980.

14. Williams, Neville. *Isabel I: Reina de Inglaterra*. Atheneum, 1967.

15. Adamson, John. *Las guerras civiles: Una historia militar de Inglaterra, Escocia e Irlanda, 1638-1660* (Oxford University Press, 1998).

16. Burrow, John A. *Historia de cuentos de la guerra civil inglesa* (Cambridge University Press, 2008).

17. Durston, Gregory. *Los últimos Estuardos, 1660-1714* (Longman, 1996).

18. Harris, Tim. *Revolución: La Gran Crisis de la Monarquía Británica, 1685-1720* (Penguin Books, 2006).

19. Porter, Roy. *La creación del mundo moderno: La historia no contada de la ilustración británica*. (W.W. Norton and Company, 2000).

20. Goose, Nigel. *La Revolución Industrial*. (Routledge, 2005).

21. Hobsbawm, Eric. *Industria e imperio: Historia económica británica desde 1750* (Weidenfeld and Nicolson, 1968).

22. Palmer, Colin A. *Los esclavos de Gran Bretaña: Negros en Gran Bretaña, 1780-1850* (Oxford University Press, 2014).

23. Walvin, James. *La trata de esclavos: Historia de la trata de esclavos en el Atlántico, 1440-1870* (Simon and Schuster, 1997).

24. Morris, Rose. *Historia ilustrada de Oxford de la monarquía británica*. Oxford University Press, 1988.

25. Thompson, R. M. *La guerra de Crimea*. Kessinger Publishing, 2007.

26. Butler, Joseph. *La gran hambruna y la diáspora irlandesa en América*. University of Massachusetts Press, 1994.

27. Finnan, Joseph. *La hambruna irlandesa: una historia documental*. Irish Academic Press, 2009.

28. Kastner, Jens. *La Gran Exposición de 1851: La muestra de una nación*. Bloomsbury Academic, 2014.

29. Fay, C.R. *Las guerras bóeres*. Oxford University Press, 2010.

30. Horne, John. *La Gran Guerra: 1914-1918*. Penguin, 2003.

31. Prior, Robin. *A las armas: La Gran Guerra 1914-1918*. Oxford University Press, 2003.

32. Jones, Mary. *El movimiento laborista británico y la huelga general de 1926* (El movimiento obrero británico y la huelga general de 1926). Routledge, 2008.

33. Rosenberg, Jennifer. «Panorama general de la Segunda Guerra Mundial». ThoughtCo, 28 de agosto de 2019, thoughtco.com/world-war-ii-1779792.

34. Powell, Martin. *El estado del bienestar en Gran Bretaña desde 1945*. Palgrave Macmillan, 2007.

35. Bull, Stephen J. *Gran Bretaña, Egipto y el Medio Oriente: La política imperial tras la crisis de Suez, 1957-1961*. Routledge, 2004.

36. «Margaret Thatcher (1979-90)». BBC, BBC, www.bbc.co.uk/history/historic_figures/thatcher_margaret.shtml

37. «Margaret Thatcher y la década de 1980». The British Library, www.bl.uk/20th-century-literature/articles/margaret-thatcher-and-the-1980s

38. «Guerra de las Malvinas». Enciclopedia Británica, www.britannica.com/event/Falklands-War

39. «Acuerdo del Viernes Santo: veinte años después». The British Library, www.bl.uk/20th-century-literature/articles/good-friday-agreement-20-years-on

40. «El Acuerdo del Viernes Santo: ¿Qué es?». The Guardian, www.theguardian.com/world/2018/mar/19/the-good-friday-agreement-what-is-it

41. «Cronología del Brexit: Cómo votó Gran Bretaña para abandonar la UE». BBC, BBC, www.bbc.co.uk/news/uk-politics-32810887

42. «Brexit: Una revolución muy británica». The British Library, www.bl.uk/20th-century-literature/articles/brexit-a-very-british-revolution

Mira otro libro de la serie